青年学者文库

绿色发展的政治经济学探索：生态与经济协调发展的视角

严金强 金兴华 著

天津出版传媒集团

天津人民出版社

图书在版编目（CIP）数据

绿色发展的政治经济学探索：生态与经济协调发展的视角 / 严金强, 金兴华著. -- 天津：天津人民出版社, 2021.6

（青年学者文库）

ISBN 978-7-201-17459-4

Ⅰ.①绿… Ⅱ.①严… ②金… Ⅲ.①生态经济—经济发展—研究—中国 Ⅳ.①F124.5

中国版本图书馆 CIP 数据核字(2021)第 131225 号

绿色发展的政治经济学探索
LÜSE FAZHAN DE ZHENGZHIJINGJIXUE TANSUO

出　　版	天津人民出版社
出 版 人	刘　庆
地　　址	天津市和平区西康路35号康岳大厦
邮政编码	300051
邮购电话	（022）23332469
电子信箱	reader@tjrmcbs.com
责任编辑	王佳欢
特约编辑	佐　拉
装帧设计	明轩文化·王　烨
印　　刷	天津新华印务有限公司
经　　销	新华书店
开　　本	710毫米×1000毫米　1/16
印　　张	14.5
插　　页	2
字　　数	200千字
版次印次	2021年6月第1版　2021年6月第1次印刷
定　　价	78.00元

前　言

　　绿色发展是党的十八届五中全会提出的"五大发展理念"之一,是实现生态文明和美丽中国建设目标的重要环节,也是实现经济高质量发展、建设现代化经济体系的基本路径。绿色发展,就其要义来讲,是要解决好人与自然和谐共生的问题;就其重点来讲,是要协调生态与经济之间的关系,将生态环境保护与经济发展统一起来,将绿水青山和金山银山统一起来。党的十八大以来,党中央更加重视生态文明建设,将生态文明建设作为"五位一体"总体布局的重要组成部分,作为社会主义现代化建设的应有之义,这也是实现人民对美好生活需要的重要方面。生态环境是民生也是经济,从这个层面上来说,生态文明建设与社会和经济建设是统一的。习近平总书记曾经深刻指出:"环境就是民生,青山就是美丽,蓝天也是幸福,绿水青山就是金山银山;保护环境就是保护生产力,改善环境就是发展生产力。"[①]生态环境与经济发展之间的协调发展关系在"绿水青山就是金山银山"的理念中得到鲜明反映。

---

　　① 习近平:《在省部级主要领导干部学习贯彻党的十八届五中全会精神专题研讨班上的讲话》,人民出版社,2016年,第19页。

生态与经济协调发展是实现绿色发展的必由之路，也是中国在不断探索现代化经济发展的必经之路。改革开放以来,我国为了克服平均主义和促进经济增长,实现富起来的目标,引入竞争机制和粗放型的增长方式,调动了包括能源资源环境、劳动力资本土地等生产要素大量投入生产领域,极大地推动了生产力的发展，促进了经济高速增长。当时对待生态与经济的关系,总体秉承宁要金山银山不要绿水青山,通过资源的开发利用获得高投入高产出,带来了资源的浪费和环境的污染。改革开放深入推进后,我国开始重视对生态环境的保护和资源能源的合理利用，既要金山银山也要绿水青山,在推动经济增长的同时,通过法治和制度建设来保护生态和治理污染。党的十八大以后,生态环境提高到了一个新的高度,习近平总书记多次强调生态环境保护的重要性,提出了一系列生态文明新理念,强调绿水青山就是金山银山,坚持人与自然和谐共生,不断深化生态与经济协调发展的理论与实践。

生态与经济协调发展的实践越深入,越需要进行理论总结,越需要依托基础理论。如何将生态纳入经济体系中进行分析是研究这一问题的关键,对此学术界展开了不少研究。

首先,国内外关于生态环境问题的经济学研究,大多是在新古典经济学的框架内进行的。这一研究框架难以为生态经济问题提供彻底的解决方案。资本主义经济与生态发展的现实证明,以新古典经济学为框架研究生态经济问题难以完全奏效,主要原因在于环境因素在新古典经济学框架内难以实现内生化。其次,国内外马克思主义学者构建了马克思主义的生态学理论框架,但这些研究主要停留在哲学形态,经济学形态的较少。比如国外学者的研究经历了生态学马克思主义、生态社会主义和马克思的生态学三个阶段,但基本建立在哲学分析基础之上,难以满足生态与经济的融合要求。最后,近年来国内经济学者从新的视角,运用新的方法研究了生态经济问题,但在理论系统性、马克思主义经济学思想深度以及生态价值量化分析基础方面仍然存在不足。现有的生态经济理论难以深入研究并较好地适应和解决现实生态问题的关键原因在于,缺乏生态经济的量化和结构分析基础。西方经济学中的环境污染具有外部性和公共性,难以通过市场来形成价格;而马克思主义经济学中的环境污染缺乏劳动价值实体,无法直接应用劳动价值论。同时,仅仅将生态因素作为约束条件的外生变量是不够的,必须将其作为内生变量纳入经济系统分析当中。

本书遵循马克思主义历史唯物主义和辩证唯物主义的方法论基础,从马克思主义政治经济学的基本理论出发,构建绿色发展政治经济学的基础理论,包括生态环境价值理论和生态与经济再生产理论,在此基础上分析生态与经济协调发展的运行机理和实现条件,形成中国特色社会主义绿色发展政治经济学的基本框架。

首先,从马克思的劳动价值论出发,通过对联合生产过程展开研究,将生产过程中产生的负使用价值的有害物品作为净化过程的投入品,由此消耗的社会必要劳动时间即为这一有害物品的负价值。同时以马克思地租理论为基础,分析自然资源的虚拟价值。以这两者为基础,将自然资源与环境资源价值拓展到整个生态环境领域,构建基于劳动价值理论的生态环境价值理论。

其次,从马克思的社会再生产理论出发,通过将生态环境部门作为生态经济系统的重要组成部分,将社会再生产两大部门拓展为包括生态环境部门在内的四大部门,研究生态与经济再生产的物质循环关系和价值交换关系,构建生态与经济协调发展的再生产理论模型,形成生态要素内生化的生态经济再生产理论。

最后,从马克思主义自然观出发,探析人与自然的内在联系及其在当代中国的发展演变,阐释了生态与经济协调发展的经济哲学基础,构建基于马克思主义自然观的绿色发展理念。

在上述对马克思主义政治经济学理论创新的基础上，本书还探讨了生态与经济协调发展的绿色产业体系和绿色市场体系。

首先，从绿色技术创新体系、低碳经济和新能源产业三个方面，分析了绿色产业所依托的绿色技术创新，需要通过绿色金融积极推动，并构建和形成绿色技术创新体系，保持绿色产业的长久发展；将转变经济发展方式与发展低碳经济以及经济结构优化联系起来，提出低碳产业的发展依托经济发展方式的转变和产业结构的变迁；从生态与经济二维角度评估新能源产业发展效益，打破从单一经济效益维度衡量产业发展的束缚，以此构建科学的绿色产业估值体系。

其次，从生态环境治理体系、生态补偿机制、排污权交易机制和绿色经济核算体系四个方面，分析了要构建基于政府、市场和社会的"三位一体"的环境治理体系，形成生态环境治理的微观机制；构建以市场为基础、基于生态产品价值实现机制的多元化、市场化生态补偿机制；以负价值为基础，构建排污权交易机制，运用市场化的方式将排污成本内部化，促进污染排放的有效控制；通过绿色经济核算体系的构建来确保生态与经济协调发展总体的有效约束，引入生态环境价值量化方法，带动经济核算更加科学化和绿色化。

本书主要基于我们课题团队前期的相关研究成果，也参考了大量关于生态经济的研究文献，在此表示感谢。由于时间和学识有限，本书存在很多不足之处，希望读者谅解并提出批评意见。

目录
CONTENTS

第一章 绿色发展的现实基础：
基于"两个大局"的分析

　　党的十九届五中全会指出："全党要统筹中华民族伟大复兴战略全局和世界百年未有之大变局。"这两个大局是以习近平同志为核心的党中央运用马克思主义历史唯物主义和辩证唯物主义方法对当前国情世情做出的全局性的重要战略判断，将是指导我国新时代经济社会发展的基本遵循和制定经济社会发展政策的根本出发点。"两个大局"也是理解我国贯彻绿色发展理念、走绿色发展道路、坚持生态与经济协调发展战略的基本前提和重要背景。正是因为要实现中华民族伟大复兴的中国梦，建成社会主义现代化强国，实现人民对美好生活的需要，所以要求人们直面当前生态环境现状，转变经济发展方式，实现绿色发展，满足人民日益增长的优美生态环境需要。与此同时，世界正面临百年未有之大变局，生态问题是全球性问题，需要寻求全球共同合作，在人类命运共同体的理念下实现全球绿色发展。

第一节 绿色发展的新背景和新挑战：全球变化

世界是一个整体,地球是世界各国人民的共同家园,经济发展的绿色化离不开全球范围的同步协调,共同合作。因此,我们考察绿色发展和经济可持续发展的理论与现实必然绕不开当今世界经济形势和国际格局的变化。目前世界正处在"百年未有之大变局"之中,以美国为首的西方国家为核心的世界政治经济格局逐渐呈现出多极化态势,发达国家和发展中国家之间的关系和国际力量对比发生转变,特别是20世纪80年代以来,全球化深入发展,发展中国家进行深刻改革并逐渐融入全球经济体系中,由此扭转了世界政治、经济、文化以及全球治理的现实逻辑。全球化给可持续发展带来的影响和冲击,主要根源于国际经济、政治、文化、民意基础和科学技术等多方面发生的全球性变化。

一、国际政治秩序中的博弈愈演愈烈

随着传统发达国家和新兴经济体以及广大发展中国家之间的差距不断缩小,不论从占世界经济总量的比重还是从对世界经济的增长贡献率来看,新兴经济体和发展中国家保持了快速发展,并仍然存在巨大的发展潜力。这种趋势不仅提高了新兴经济体和发展中国家在国际舞台上的话语权,从而使得国际力量对比变得更加平衡,而且推动国际政治秩序向更加趋于多极化的方向发展。

从主要国际力量对比来看,20世纪90年代冷战结束后美国一国独霸的失衡态势得到了明显改变。因此,当今的国际政治格局正处于单极与多极并存,并逐步向多极转变。除了美国仍然坚持单极国际格局外,世界上的绝大部分国家均认可并积极推动多极化,①国际政治格局走向多极化已是大势所趋。随着世界多极化的发展,全球治理格局也深刻调整,七国集团治理架构越来越难以适应变化了的国家政治格局,新兴经济体和发展中国家越来越多地参与到全球治理当中,"金砖五国"、二十国集团峰会等多边框架的作用机制逐渐建立,并发挥着日益重要的作用,这是自近代以来国际力量对比中最具革命性和历史性的变化。国际政治的多边主义和世界多极化发展变化有利于加强各国在改善全球生态环境和绿色发展方面的合作,推动全球绿色命运共同体的建设。

但是世界多极化的发展还受到诸多方面的挑战,多极化在曲折中发展。特别是美国仍然固守单极格局,维持以霸权主义与强权政治为理念基础的国际经济政治旧秩序,给多极化进程增添障碍。这一强权政治理念在全球环保领域也日益凸显。为了掌握全球环境话语权和主导权,美国曾宣布退出《京都议定书》,极力否定《联合国气候变化框架公约》中关于发达国家与发展中国家在应对气候变化问题中"共同但有区别的责任"的原则,主导气候环境博弈,并致力于形成以美国为主导的全球环境政治秩序。美国前总统特朗普曾在2017年宣布退出《巴黎协议》,成为签署协议近二百个国家中唯一退出的国家,对全球气候问题的解决带来了很大的负面影响。2021年拜登上台后才宣布重返《巴黎协议》,但在当今全球环境不断恶化的条件下,即使美国也积极参与保护环境方面的国际合作,其最终目的仍然是想主导全球发展进程,并利用全球生态环境问题来遏制发展中国家的发展,以确保其世界领袖地位。总之,维持并固守单极格局的美国与主张多极格局的广大发展中国家和新兴国家经济体之间的对抗与博弈势必对保障全球可持续发展和绿

---

① 参见孙居涛等:《当代世界经济、政治与文化》,武汉大学出版社,2010年,第112~114页。

色发展所需要的国际合作基础造成严重破坏。

二、国际经济格局演变中的利益冲突加剧

一个国家经济实力的强弱是决定一个国家在国际舞台上能否掌握国际话语权和占据国际主导权的关键。①美国自19世纪80年代以来就是世界的经济霸主,掌握着国际话语权和主导权。然而进入21世纪以后,包括中国在内的发展中国家的经济连续多年高速增长,特别是2008年金融危机后,美国经济遭受重创,这给美国在亚太地区的利益攫取和全球经济的霸主地位维持带来巨大挑战。据统计,包括中国在内的发展中国家和新兴经济体的经济增长对世界经济增长的贡献率超过80%,经济总量的占比也逐渐向50%靠近。特别是中国经济从改革开放以来一直维持高速增长,2012年后经济增速尽管有所下降,但在主要经济体中仍然居于前列。在2020年新冠肺炎疫情的冲击下,中国是世界主要国家中经济唯一保持正增长的国家,经济总量突破了100万亿人民币,大约占美国经济总量的70%。因此,美国担心中美力量对比缩小而影响美国的利益,将中国作为最大的竞争对手,千方百计打压中国,不遗余力地通过各种方式遏制中国的发展。

这里需要强调指出的是,近几年,美国为了维护全球经济霸主地位,在包括资源环境保护在内的各个领域对发展中国家进行遏制,肆意破坏发展中国家的发展秩序。

第一,片面强调环境保护的重要性,将资源环境保护与经济发展割裂开来,阻碍发展中国家的发展。在不对等的条件下要求发展中国家履行减排和环保责任,不顾及发展中国家的发展利益。掌握贸易规则制定权,通过所谓

---

① 参见黄娟等:《中美生态博弈的政治经济学分析》,《学术月刊》,2013年第12期。

的绿色壁垒等手段限制发展中国家的进出口贸易。第二,在经济全球化进程中,为了保护本国的自然资源和生态环境,迫使发展中国家廉价出售资源并进行掠夺性使用,同时还把资源能源耗费大、环境污染严重的落后产业转移到发展中国家。第三,将生产和消费中产生的大量垃圾向发展中国家输出,严重破坏了发展中国家的资源和环境。第四,有意回避在资源环境问题上历史和现实的责任,拒绝向发展中国家提供环保资金援助和环保技术支持。

美国维持全球经济领袖地位是建立在破坏发展中国家发展的基础上,这给全球可持续发展蒙上了阴影。要知道,发达国家在进行工业化的历史进程中,对生态环境造成了巨大的负面影响,而工业化完成之后,对生态环境的增量影响自然低于正处在工业化过程中的发展中国家,全球可持续发展的基本规则就是"有区别的共同责任",这是对历史的负责,也是对发展中国家的保护。但以美国为首的部分发达国家不但不遵守这一规则,还经常以此来限制发展中国家的发展利益。这些做法不仅与一个经济大国的身份不相符合,而且与经济全球化的原则相悖;不仅造成了国家之间关系的不和谐,增大了国际合作的难度,而且必将大大增加全球可持续发展战略实施的难度。

三、科技革命对生态环境系统的不确定性影响

科技创新和进步对可持续发展存在双重影响:一方面,技术创新和进步是可持续发展的动力;另一方面,技术如果使用不当又有可能成为对可持续发展最大的破坏性力量。[1]这是因为技术作用有可能会强化人们为短期利益而去征服自然界的欲望,这就有可能使自然生态系统失衡。如前几年讨论的

---

[1] 参见孔令峰:《可持续发展的政治经济学分析》,上海财经大学出版社,2008年,第132~133页。

沸沸扬扬的转基因技术由于其影响的不确定性，可能使生态系统产生突变而成为人们关注的焦点。应该说转基因植物的商业化种植对于有效缓解急剧增加的人口数量与有限的粮食生产之间的矛盾起了很大作用，但由于目前转基因技术还没有完全成熟，大多数结论还是在实验室条件下得出的，因而转基因技术对生态环境系统的影响具有很大的不确定性和风险。

首先，对粮食作物的影响是抗虫或抗除草剂，其很好地控制了害虫和杂草的生长，却减少了生物链上以害虫躯体和杂草种子为生的动物的食物，这将对生物种群多样性产生破坏，从而对生态系统产生负效应。其次，农作物在人工插入抗虫或抗病毒基因后可能产生杂草的生物特性而趋于杂草化，加上转基因植物可能与近缘植物种杂交产生新的杂草类型。为了防止这些杂草的产生，只能加大除草剂的用量或采用更强的除草剂，但过量或高效除草剂由于不易分解而产生残留物，必然给生态环境系统带来负面影响。[1]因此当前有必要对转基因技术进行生态评估。

2020年全球暴发了新冠肺炎疫情，截至2021年5月底，全球累计超过1.7亿人感染了新冠病毒，累计死亡人数超过350万，被世界卫生组织确定为全球突发公共卫生事件，对世界经济造成了巨大的损失。新冠肺炎疫情的暴发不仅与人们对自然和生态的敬畏和对自然保护意识的缺乏有关，也与科学技术的双刃剑性质有一定联系。一段时间以来，人们更多依靠科技进步从自然界中索取，同时向自然界排泄废弃物，污染自然环境，破坏生态系统，而自然则反过来对人类的生存和发展造成危机。包括全球气候变化、二氧化碳排放以及国际公共卫生事件在内的诸多问题都是全球性问题，都需要各国政府共同合作应对。

---

① 参见王伟伟：《转基因植物对环境生态平衡的影响》，《林业调查规划》，2007年第4期。

四、文化霸权与文化多样性需求的冲突凸显

文化是多样性的统一体，世界文化统一性是以文化的多样性为基础的。文化的多样性对人类来讲就像生物多样性对维持生物平衡那样必不可少。如果一个民族失去其特有的文化，那就等于失去了民族精神和民族灵魂，就意味着民族的文化符号和民族国家的文化身份消失，实际上也就意味着这个民族国家的灭亡。因此必须尊重各民族文化的生存权、发展权和参与权，尊重世界文化的多样性。[①]然而当今以美国为代表的西方发达国家立足于自身所谓的"自由民主"文化的强势地位，迫使世界其他国家接受其价值观念和意识形态，形成以西方发达国家"自由民主"模式为主轴的单一文化，即文化霸权主义行为。

虽然这种"民主观念中所蕴含的最重要的许诺就是享有自由的人们在有了自我管理的权利之后将表明他们是主宰自己命运的最佳人选"，且由此形成的"原则的实施在任何一点上都与民主体制和自由市场并行不悖"[②]，但一旦将这种"民主观念"及"原则实施"置于自由市场经济的框架下，其结果最终只能是自然资源和生态环境系统的摧毁和破坏，因为自由市场经济所遵循的是资本逻辑和个人利己主义逻辑。而生态产品是一种公共产品，并且具有外部性的特征，在自由市场经济中，资本只会考虑生产本身的内在成本和收益，往往忽视生产活动所造成的外部成本，从而带来环境污染和生态破坏。如果放任市场和资本的趋利性动机自由发展，那么势必会造成生态和环境的恶化，由此可见，资本主义的"自由民主"文化理念并不利于环境保护和生态发展，往往与生态文明背道而驰，因而无法提供全人类共用的自然资源

---

① 参见孙居涛：《当代世界经济、政治与文化》，武汉大学出版社，2010年，第239、250页。

② ［美］阿尔·戈尔：《濒临失衡的地球》，陈嘉映等译，中央编译出版社，2012年，第213页。

和生态环境保护这样的国际公共产品。

<h1 style="text-align:center">第二节　绿色发展的国内现实：
生态治理成效与问题</h1>

长期以来，我国生态环境所面临的现状与人民群众对生态环境的需求和期待之间存在着较大差距，提高生态环境综合治理是当前的核心任务。党的十八大以来，坚持节约资源和保护环境的基本国策，着眼长远利益，通过开展一系列根本性和开创性措施，推动了生态环境治理和保护的历史性、转折性和全局性转变，为进一步开展生态文明建设，实现美丽中国建设目标奠定了坚实基础。

一、近年来我国生态环境治理和保护措施

（一）强化环境污染的源头防控

"坚持绿色发展，就是要坚持节约资源和保护环境的基本国策，坚持可持续发展，形成人与自然和谐发展现代化建设新格局，为全球生态安全作出贡献"，习近平 2015 年 11 月 7 日在新加坡国立大学的演讲中强调了绿色发展的重要性。坚持绿色发展就是要坚持人与自然的和谐发展，这既是我国解决资源环境瓶颈束缚的突破口，又是我国经济实现高质量发展的关键点。

第一，构建绿色发展空间格局，推进供给侧结构性改革。首先，根据各个区域的功能定位，实施差异化管理和要求。划定禁止开发区、限制开发区、重点开发区、优化开发区、海洋主体功能区。同时划定各区域的生态保护红线

并建立成效考核机制，全面保护和提高国家生态系统功能。其次，调整优化产业结构，实行严格的环保耗能要求，加快企业升级改造。推进绿色制造和绿色产品生产，并建立绿色制造体系。推进节能环保产业的发展，并完善环保监管制度。

第二，以绿色科技创新引领生态环境治理，推动重点区域绿色、协调发展。首先，开展绿色科技创新，推进绿色科技在制造、农业、能源以及资源再生等方面的研发与应用，加快建成国家生态环保科技创新体系和创新平台，提升我国生态环境保护领域的竞争力。其次，实施重点生态环保科技专项，在京津冀地区、长江经济带、"一带一路"沿线等重点区域实施大气污染与水体污染控制与治理，对青藏高原生态屏障保护带进行典型脆弱生态修复与保护研究。最后，推动西部、东北、中部和东部各区域绿色协调发展，深化多双边合作，推进"一带一路"绿色化建设。同时，完善环境标准和技术政策体系，并严格执行污染物排放标准。

第三，以绿色理念引导人们生活方式转变。一方面，构建绿色政府引导机制，将绿色国内生产总值（GDP）指标纳入政绩考核标准，同时要重视并利用媒体对绿色生活方式理念的宣传和监督作用。另一方面，强化绿色生活理念，倡导绿色消费，真正把环境保护人人有责的理念落到实处。

（二）制定三大污染防治行动计划

以提高环境质量为核心，根据区域、流域和类型差异分区施策，针对群众身边突出的大气、水、土壤三大污染问题制定防治行动计划，努力实现分阶段达到环境质量标准。

第一，加强区域大气污染联防联控，分区施策提高大气环境质量。全面深入实施《大气污染防治行动计划》，大幅削减二氧化硫等污染气体的排放量，降低可吸入颗粒物浓度，稳定并改善臭氧浓度。设定大气环境质量目标，强化区域协作,深化京津冀及周边地区、长三角、珠三角等区域之间的联防联控。加快产业结构调整,积极推进新能源在各领域的推广与应用。

第二,推进水污染综合防治,全面提升水环境质量。对重点流域水污染开展联合治理,加强流域上下游各政府及部门之间的定期商讨、协调配合。对良好水体实施全过程监测,持续提升饮用水安全保障水平。大力整治城市黑臭水体,定期评估地下饮用水及污染源周边区域的环境状况。强化海域污染治理力度,整治修复海岸线,建设海洋自然保护区、海洋特别保护区和水产种植自然保护区。

第三,推进土壤环境污染分类防治,全面改善土壤环境质量。全面实施《土壤污染防治行动计划》,重点对农用地和重点行业企业用地开展突击污染状况调查。尽快完成土壤环境质量国控监测点位设置及全覆盖,基本形成土壤环境检测能力。构建土壤环境质量状况、污染地块修复与土地在开发利用协同一体的管理与政策体系。开展土壤污染治理与修复,强化重点区域土壤污染防治。

(三)推进达标排放及污染减排

设定污染源达标排放的底线,推进骨干性工程,改革完善总量控制制度,推动行业多污染协同减排,加强城乡统筹治理,大幅度减少污染物存量,降低生态环境所面临的巨大压力。

第一,加强管理工业污染源全面达标排放管理,深入推进重点污染物减排。一方面,严格要求工业企业全面开展自行监测并公开信息,主动接受政府的监督检查。对于不达标的企业,政府要严厉督促其整改直至达标。另一方面,对于重点污染物的治理及安排,要实施差别化管理和总量控制制度,建设污染治理减排工程,制定各行业污染治理技术政策,推动造纸、印染、磷化工、煤电、钢铁、建材、石化及有色金属等重点行业治污减排。

第二,加强城镇基础设施建设,提高城镇污水及垃圾处理水平。首先,通过改进城镇污水及垃圾处理系统,推进海绵城市建设理念,增加清洁能源的供给和使用,保护和恢复城市生态环境。其次,加快治理农村生态环境,建立健康、宜居、美丽的生活家园,开展农业污染治理,以资源节约、环境友好和生态保育作为农业发展方向,调整农业产业结构及布局。

第三,全面提升生态环境抗风险能力。加强源头防控,完善企业突发环境事件风险评估制度,实行严格的行业准入标准制度,推进产业结构调整和整体布局。制定严格的环境风险预警机制和各级政府联动机制,提高突发环境事件应急处理能力。加强重污染天气、饮用水水源地、有毒有害气体、核安全等突发环境事件的监测和预警工作,对危险物品的各个环节实行全过程信息化监控,有效防范和降低突发环境事件的风险。

(四)加强生态保护力度和生态修复能力

"山水林田湖是一个生命共同体"这一重要理念由习近平总书记在《关于〈中共中央关于全面深化改革若干重大问题的决定〉的说明》中提出,强调了对待生态环境要以保护优先、自然恢复为主,循序推进重点区域和重要生态系统的保护和修复。

第一,推进国家生态安全屏障的建立,全面保障国家生态安全。根据区域特点,分别建设青藏高原生态屏障、黄土高原–川滇生态屏障、东北森林带、北方防沙带、南方丘陵山地带,保障各地区生态安全。制定并实施中国生物多样性保护战略和计划,建立生物多样性和生态系统保护示范区,完善生物多样性和生态系统服务价值评估制度。制定重点生态区产业准入负面清单,提升对森林、草原、湿地等重要生态系统的保护和管理能力。

第二,开展国土绿化行动,修复生态退化区。全面构建合理、稳定、完善的城乡绿地环境,继续扩大开展退耕还林还草和退牧还草行动。变更草原畜牧业的生产方式,促进草原基础设施建设,保护和改善草原生态环境。加强防护林体系建设,根据各个区域的特点和需求,推进整体治理。比如"三北"地区以乔灌草相结合的方式进行治理;长江和珠江流域以修复退化林为主;沿海地区以建设海岸基干林带和消浪林带为主;加快推进储备林体系建设,并动员全民参与国土绿化行动;提高水土流失防治和沙漠化石漠化防治的能力,加快修复矿山地质生态环境。

第三,加强建设绿色产业,扩大供给生态产品。为满足新时代人民对美好生活的需要,加快相关产业升级和产业集群,打造示范基地和示范园区,建立市场监测预警体系。加强对风景名胜区和世界遗产的保护,提供优质的生态服务产品。加强形成城市森林、绿地、水湖河、耕地的绿色生态网络,开展城市生态修复示范工程,加快改造修茸城市老旧公园,提升公园绿地服务能力。

二、近年来我国生态文明建设取得的成效

(一)形成绿色发展的新格局

近年来,在绿色发展的逐步推进中,生态环境治理与保护取得了显著成效。

首先,划定优化开发、重点开发、限制开发和禁止开发的 4 大功能区。完善各主体功能区的具体规划体系及相关配套政策;推动并建立资源环境承载能力监测预警长效机制,引导和约束各个地区要严格按照资源环境能力规划经济社会的发展;制定并实施重点生态功能区产业准入负面清单制度。

其次,以实际行动积极推进我国生态文明体制改革。长江经济带 11 省(市)及青海省"三线一单"成果开始实施,19 个省(区、市)"三线一单"编制形

成初步成果。为落实长江经济带生态环境"共抓大保护,不搞大开发"的要求,印发了《长江经济带生态环境保护规划》。为继续鼓励并加快推动环保装备制造业的发展,印发了《国家鼓励发展的重大环保技术装备目录(2020年版)》。全国环评审批信息实现实时报送,平均用时仅需10分钟,完成116.5万个在线备案登记表项目,22万个环评审批,涉及投资总额18.6万亿元。

最后,加快推动低碳发展和低碳生活,积极应对气候变化。启动全国碳排放交易系统,将全国碳强度下降率首次纳入国民经济和社会发展统计公报。2019年,碳强度排放比同期降低4.1%,完成了年度预期目标。加快天然气和水电等清洁低碳能源的发展,控制能源消耗总量和强度,实施能效和水效领跑制度。

(二)三大污染防治计划持续推进

自全面深入实施三大污染防治计划以来,大气、水、土壤污染治理取得明显成效。

首先,蓝天保卫战成绩斐然,全国空气质量全面改善。全国337个地级及以上城市中,环境空气质量达标的有157个,占比46.6%,环境空气质量超标有180个,占比53.4%,城市平均优良天数比例达82%。[1]持续实施重点区域秋冬季大气污染治理攻坚行动,北方地区清洁取暖试点城市实现京津冀及周边地区和汾渭平原全覆盖,完成散煤治理700余万户。实现超低排放的煤电机组累计月8.9亿千瓦,5.5亿吨粗钢产能开展低碳排放改造。

其次,加强水污染防治力度,全国优良水质比率全面提高。全面深入实施《水污染防治行动计划》,持续开展水污染防治法执法检查。899个县级饮用水水源地生态环境问题排查及整治基本完成,全国地级及以上城市黑臭

---

① 参见中华人民共和国生态环境部:《2019年中国生态环境状况公报》,2020年5月。

绿色发展的政治经济学探索

水体消除约 87%。启动地下水污染防治试点,划定畜禽养殖禁养区,取消 1.4 万个违法违规禁养区。完成 2.5 万个建制村农村环境综合整治。长江入河、渤海入海排污口排查全部完成,同时长江经济带 95% 的省级及工业园区建成污水处理设施并安装在线监测装置。长江流域总磷超标断面数显著下降。[①]

最后,加强净土保护力度,全面推进土壤污染防治工作。农用地土壤污染状况详查完成,并核定农用地下一阶段安全利用的任务目标。坚定不移禁止洋垃圾入境,全国固体废物实际进口量比 2018 年减少 40.4%。选定深圳市等 16 个城市及地区开展"无废城市"建设试点,长江经济带"清废行动 2019"中,发现问题 1254 个,完成整改 1163 个。专项整治垃圾焚烧发电行业,405 家企业完成"装、树、联",并开始公开污染物自动监测数据。生活垃圾无害化处理能力得到明显提高,城市生活垃圾无害化处理效率高达 97.14%;农村 74% 的行政村生活垃圾得到安全合理地处理。

(三)生态环境保护力度明显增强

大力加强环境监督执法力度,生态环境保护得到稳步推进。

第一,开展中央生态环境督察。第一轮环保督察共受理约 17 万件群众举报问题,到 2019 年底,问题已解决或基本解决,取得明显效果。同时,针对 6 个省(市)和 2 家中央企业开展第二轮中央生态环境保护例行督察,共受理转办群众举报问题 1.89 万件,已办结或基本办结 1.6 万件。

第二,开展环境问题专项督察工作。第一轮督察及"回头看"明确了 3294 项整改任务,已完成 2226 项。有力推动并解决重庆缙云山、陕西秦岭北麓、甘肃祁连山等一大批突出生态环境问题。严肃查处山东省临沂市兰山区、海南省东方市等多起环保"一刀切"行为。发现并披露长江经济带 11 省(市)

---

① 参见中华人民共和国生态环境部:《2019 年中国生态环境状况公报》,2020 年 5 月。

152 个突出生态环境问题,全国共发生突发环境问题 263 起,全国"12369"环境举报平台共接到公众各类举报案件 53.1 万起,基本做到按期办结,全国实施行政处罚案件 16.28 万件。

第三,持续推进生态保护工程建设。持续开展生态保护修复工程试点,对青海三江源区、岩溶石漠化区、京津风沙源区、祁连山等进行分区重点综合治理,新纳入近 2 亿亩的天然商品林,同时完成营造林面积约 2.35 亿亩。实施生物多样性保护重大工程,建立 440 余个生物多样性观测样区,批准新建国家级自然保护区 17 个,总数达 463 个。

(四)环保改革措施不断深化和落实

推进生态环境保护改革,重点是要深化和落实环保改革措施,强力支撑和保障改革措施的实行。

第一,印发了《生态环境损害赔偿制度改革方案》《关于划定并严守生态保护红线的若干意见》,国务院现已批准京津冀、长江经济带等 15 个省(区、市)划定的生态保护红线方案。将按流域设置环境监管和行政执法机构,并设置了跨地区环保机构试点,顺利推进了福建、江西、贵州国家生态文明试验区的建设工作,积极推动三江源、东北虎豹、大熊猫、祁连山等国家公园体制的试点工作,并出台《建立国家公园体制总体方案》。

第二,出台《排污许可管理办法(试行)》和《固定污染源排放许可分类管理名录(2017 年版)》,完成了全国排污许可证管理信息平台的建设,对于火电、造纸等 15 个重污染行业基本完成许可证核发。对人为干扰环境监测活动的行为必须进行严肃查处。

第三,为了强化环保支撑保障措施,修订完成水污染防治法、环境保护税法实施条例等法律法规,发布了《农用地土壤环境管理办法(试行)》等部门规章,印发《第二次全国污染源普查方案》。成立国家大气污染防治攻关联合中心,组建国家环境保护督察局,发布国家环保标准和污染防治技术可行性技术指南和政策。

第四,积极推进环境经济政策的进展,深化环境污染责任保险试点,全国参与投保的企业有1.6万家次,保险公司提供的风险保障金高达306亿元。10余个省份建立环保信用评价制度,实施跨部门联合奖惩机制,建立上市公司环境信息披露联合监管工作机制。

三、当前生态领域仍然存在的主要问题

党的十八大以来,通过一系列生态环境治理与保护举措的开展,我们取得了很大的成就,但是还远远不够,生态环境保护任重道远。根据《2017 中国生态环境状况公报》《全国国土规划纲要(2016—2030 年)》等文件公布的数据,环境质量与人民群众对优美环境的期待还有一定差距。具体到大气、水、土壤和生态几个方面看,主要表现为:

第一,大气环境质量方面,2017 年全国 338 个地级及以上城市中,空气质量超标的有 239 个,占 70.7%。338 个城市发生重度污染 2311 天次、严重污染 802 天次,以 PM2.5 为首要污染物的天数占重度及以上污染天数的74.2%。

第二,水环境质量方面,2017 年全国地表水 1940 个水质断面(点位)中,Ⅳ、Ⅴ类水质断面 462 个,占 23.8%,劣Ⅴ类 161 个,占 8.3%。从流域水质来看,部分流域劣Ⅴ类断面比例不降反升。湖库总磷污染问题突出,不少流经城镇的河流渠道污染严重。

第三,土壤环境质量方面,2016 年我国土壤总的点位超标率为 16.1%。从区域来看,长江三角洲、珠江三角洲、东北老工业基地等部分区域土壤污染问题较为突出,西南、中南地区土壤重金属超标范围较大,工矿企业及其

周边土壤环境问题突出。

第四,自然生态方面,2016 年 2591 个县域中,生态环境质量为优、良、一般、较差、差的数量分别为 534、924、766、341、26 个, 差和较差的县域占 33.5%。在生物多样性方面,2016 年约 44% 的野生动物种群数量呈下降趋势,在 21 个典型海洋生态系统中, 处于亚健康和不健康状态的占比分别为 66.7% 和 9.5%。

这些问题的存在,与我们长期过于注重经济发展、忽视环境保护不无关系,也和我们在环境治理和环境保护中存在的局限和不足有关。现从企业、政府、个人三个方面着手,总结分析在环境治理与保护中存在的不足之处。

第一,企业在环境治理与保护中不够积极主动。首先,环保理念没有深入人心,企业中环境保护知识仍然缺乏,环保意识不够高。员工对环保的忧患、责任及参与意识不强,难于付诸实践。其次,清洁化生产程度不够,在节能降耗和排污减排等方面,管理不精细、控制不严格、排放不达标等问题依然存在。再次,环境保护管理存在不足,虽然制定了环保制度,但是因为环保管理成本的原因,经济效益好的企业还可以承受,对于效益一般或者不足的企业来说,环保制度的落实难以执行,基本处于表面应付状态。最后,企业经济转型能力较弱,我国许多从事生产经营的企业没有长远发展战略,缺乏适应市场竞争的经营管理理念和科学有效的控制体制, 企业规模和结构不够合理,很难适应国家经济发展方式转变的要求,不能很好满足环保日益严格的规范要求。

第二,政府环境监管执行能力弱,污染治理流于形式。首先,政府制定的环保政策科学性不够。比如"谁污染谁治理"政策,对企业而言,一方面利润最大化是最终目标,因为这既能增加地方政府的财政收入,又能提供更多的就业机会,因此在发展的口号下,环境污染常常得以畅通无阻;另一方面,污染治理本身存在着规模效益问题, 一些企业因为成本问题对污染治理流于形式,这点就留下了"寻租"隐患。其次,政府制定的政策之间配套支持不足,造成相关制度有名无实。比如"三同时"制度,缺乏相关的监督,一些新项目根本就没有做到环境保护设施的"同时"。最后,法律法规体系仍不够完整,监管体制不够健全。我国法制化程度不高,面临激烈的国际竞争,正在加速调整产业结构、转变经济增长方式,治理工业污染的技术还不够成熟有效。

第三,个人在生态环境治理与保护意识方面有待进一步提高。首先,大多数人对环境的基本价值观是正确的,对待环境保护的态度也是积极的,但是对一些基本环保常识却无法判断。从乱扔垃圾这一生活中的普遍现象,就充分反映了环保意识的缺乏。其次,由于长期养成的生活习惯,以及环卫基础设施配备不到位,垃圾分类工作不尽如人意。最后,在日常学习生活中,当环保与切身利益冲突时,大多数人还是选择不购买比普通产品更贵的环保产品,这就是我们所面临的窘境,生态环保总是输给利益较量。

第三节　绿色发展的关键在于生态与经济协调发展

随着全面建成小康社会的目标顺利实现,我国污染防治攻坚战取得了重大胜利,绿色发展理念全面贯彻,可持续发展战略深入实施,正朝着实现美丽中国建设目标,实现人与自然和谐共生的现代化奋力前进。绿色发展是实现经济高质量发展、建设现代化经济体系以及建设人与自然和谐共生现代化的必然要求,这些目标的实现关键又在于构建生态与经济协调发展的机制体制。

一、绿色发展是现代化建设的应有之义

在"两个一百年"奋斗目标的交汇点，中国进入了社会主义现代化建设的新阶段，全面建成小康社会目标的实现，标志着我国开启全面建设社会主义现代化国家的新征程，正向第二个百年目标迈进。现代化是一代代中国人民的向往和追求，也是中国共产党百年来孜孜不倦的奋斗目标。改革开放前，毛泽东等老一代领导人就提出要实现"四个现代化"；改革开放后，邓小平提出"三步走"的发展战略，将在 21 世纪中叶基本实现社会主义现代化；进入新时代，习近平提出新的两步走发展战略，将在 2050 年左右建成社会主义现代化强国。现代化并不只是等于工业化，现代化本身是历史的、发展的概念，中国要建设社会主义现代化，必然是全面的现代化，包括经济现代化、政治现代化、社会现代化、文化现代化和生态文明现代化等。但就经济现代化而言，党的十九大报告中提出了建设现代化经济体系的战略目标，其中就包括构建绿色发展体系。因此，不论从现代化的全面性来看，还是从经济现代化本身来看，绿色发展都是现代化建设的应有之义，也是推动实现现代化的重要举措。

新中国成立之初，中国还是一个从封建社会走出来的农业国家，工业发展非常落后，而要进行现代化建设，必须首先实现工业化，工业化成为现代化建设的重要内容。随着工业化的推进，在经济建设取得显著成效的同时，精神文明建设也被提上议程，文化发展被纳入社会主义建设的重要内容之中。改革开放后，提出物质文明和精神文明两手抓，两手都要硬，把提高全民素质作为我国经济社会发展的目标。随着改革的深入，社会问题逐渐凸显出来，社会建设的紧迫性日益呈现。在此基础上，党的十七大提出包括经济、政治、文化、社会"四位一体"的总体布局，其中和谐社会建设的目标在于建设

包括人与自然、人与人之间关系的和谐,将和谐社会作为实现现代化建设的重要方面。在经济社会取得不断进步的同时,自然资源和生态环境问题成为社会关注的焦点问题,作为经济健康发展的制约瓶颈,严重影响了经济社会的可持续发展。党的十八大将生态文明建设与经济、政治、文化和社会并列为中国特色社会主义总体布局的重要方面,形成"五位一体"总体布局的战略安排,进一步拓展了现代化的外延。

与此同时,随着人们的认识和经济实践的不断深入,绿色发展逐渐融入经济建设的内部,成为现代化经济体系建设的重要内涵。改革开放前,经济建设主要是实现从零到一的突破,改变农业国落后的经济状况,陆续实现工业产品的生产和数量的增长。改革开放初期,为了实现经济的快速增长,提高人民的生活水平,开始注重经济数量和规模的增长,通过投入大量的劳动力、资本、资源环境等生产要素实现经济的粗放型增长。据统计,从 1978 年到 2012 年间,我国国内生产总值年均增长达到 9.8%,远远高于同期世界平均 2.8%的增速。三十多年的高速增长,很快使中国摆脱了生产力落后的局面,物质产品日益丰富,人们的收入和生活水平也有了很大提高。但是这种粗放型的经济增长方式并不能维持经济的持续发展,劳动力结构问题、资本收益递减、资源能源和生态环境的瓶颈制约,经济数量长期增长的同时并没有实现经济质量的提高和经济结构的改善。中国的经济发展需要突破这些因素的限制,实现高质量发展目标,必然要转变经济发展方式,建立包含绿色发展的现代化经济体系。习近平总书记在 2018 年中央政治局就建设现代化经济体系进行第三次集体学习时就强调指出,现代化经济体系,是由许多要素和子体系相互联系构成的有机整体,其中包括"资源节约、环境友好的绿色发展体系",这是现代化经济体系的生态环境基础。目标是要实现绿色循环低碳发展、人与自然和谐共生,形成人与自然和谐发展现代化建设新格局。

由此可见,绿色发展不仅是人与自然和谐共生的必然要求,也是实现经济高质量发展的基本理念和基本内容,是社会主义现代化建设的应有之义。在中国特色社会主义进入新时代,社会主要矛盾转变为人民日益增长的美好生活需要和不平衡不充分的发展之间的矛盾,经济也从高速增长进入高质量发展的新发展阶段,人民更加注重生活品质的提高和生态环境的优美,经济发展与生态环境保护之间的联系更加紧密,经济发展越来越离不开生态文明建设。正如党的十九大报告所指出的:"我们要建设的现代化是人与自然和谐共生的现代化,既要创造更多的物质财富和精神财富以满足人民日益增长的美好生活需要,也要提供更多优质生态产品以满足人民日益增长的优美生态环境需要。必须坚持节约优先、保护优先、自然恢复为主的方针,形成节约资源和保护环境的空间格局、产业结构、生产方式、生活方式。"①

二、以生态与经济协调发展推动绿色发展

绿色发展是有别于传统发展方式的一种新型发展模式,建立在生态环境容量和资源承载力的约束条件下,寻求节约资源和保护环境的经济发展之路。绿色发展不仅要求生态系统本身保持良性运转,能够维持人类赖以生存和发展所需要的资源和环境资料,而且要求经济运行不会超出生态系统的承受范围。不仅如此,经济发展要更加有利于生态环境保护和资源能源的节约使用。总的来说,绿色发展就是要实现生态与经济之间的协调发展和良性互动,在保证自然生态再生产的前提下实现经济的再生产,形成产业结构优化、经济布局合理,资源更新和环境承载力不断提高,经济实力不断增强,可持续、高效率、高质量的生态经济系统。要确保这一绿色发展体系能够建立,关键在于生态与经济的协调问题。

---

① 习近平:《决胜全面建成小康社会　夺取新时代中国特色社会主义伟大胜利》,人民出版社,2017年,第13页。

一方面,生态与经济协调发展是绿色发展的基本内容和主要目标。绿色发展是经济发展的绿色化,是将生态问题纳入经济发展的基本框架当中,内嵌到经济活动的各个环节,内化为经济发展的基本内容。2016年国家发改委、环境保护部等四部门联合制定了《绿色发展指标体系》和《生态文明建设考核目标体系》,将绿色发展的内容和目标从指标上进行了界定,包括资源利用状况、环境治理状况、环境质量状况、生态保护状况、增长质量状况、绿色生活状况等六大指标。在资源利用指标中又细分为能源消费总量、单位GDP能源消耗降低、资源产出率等,环境治理和质量包括二氧化硫排放总量减少、环境污染治理投资占GDP比重、城市空气质量优良天数比率等,生态保护指标包括森林覆盖率、湿地保护率等,增长质量包括人均GDP增长率、第三产业增加值占比、研发经费支出占比,绿色生活包括绿色产品市场占有率、绿色出行、城市绿地率等。这些指标无疑将生态环境与经济增长融合到一起,既包括资源环境生态因素,也包括经济增长和发展因素,既指明了绿色发展包括的主要内容,也明确了实现绿色发展的基本目标。可以说,生态与经济协调发展成为绿色发展的基本内容和主要目标。

另一方面,生态与经济协调发展也是绿色发展的实现路径。绿色发展的主题仍然是发展,只是强调发展的方式并非是传统的只注重数量上的增加,而是更加突出经济的绿色化,是一种有利于资源节约和保护环境的经济发展路径。要实现这一发展路径,必然需要变革原来的生产和生活方式,改变只注重经济产出数量和规模的状况,而是考虑了生态因素的经济发展。同样地,绿色发展也并不是为了生态环境而停滞经济的发展。因此,要实现绿色发展的目标,需要将生态保护和经济发展有机统一、有机结合,形成生态与经济协调发展的机制体制。

自党的十八大以来,我国将生态文明建设列为"总体布局"的重要方面,并因此制定了诸多关于生态文明建设和绿色发展的制度和法律,形成了有利于生态与经济协调发展的制度体系。2015年中共中央国务院印发了《关于加快生态文明建设的意见》和《生态文明体制改革总方案》，完成了生态文明制度体系建设的顶层设计。同时印发了《生态文明建设目标评价考核办法》《关于划定严守生态保护红线的若干意见》《生态环境监测网络建设方案》《关于健全生态保护补偿机制的意见》等，这些文件形成了自然资源资产产权制度、资源有偿使用和生态补偿制度、环境治理和生态保护市场体系等制度构成的产权清晰、多元参与、激励约束并重的生态与经济协调发展的制度体系。

三、生态与经济协调发展的理论和制度基础

绿色发展理念是十八届五中全会提出的五大发展理念之一，是新时代指导我国经济社会改革发展实践的生态文明新理念。绿色发展就是要解决好人与自然和谐共生问题，是处理生态环境保护与经济发展之间关系的重要举措。因此，绿色发展作为一种科学发展的政策举措，不仅是人们生态实践中必须遵循的理念，而且明确指出了现代社会未来的发展方向。

落实绿色发展理念，实现绿色发展，意味着人类生产方式的变革。传统的生产方式将自然界作为获取物质资源的场所，每一次生产力水平的提高，都是征服自然能力的提升，都被视为与自然之战的胜利。为了获取经济利益而忽视生态利益，高投入高消耗高产出成为传统工业化模式的标配，把满足人们对物质产品的需要作为生产和发展的动力。绿色发展理念意在摒弃这一传统生产方式，其核心在于推动形成绿色发展方式和生活方式，这不仅是对传统生产方式的变革，也是发展观的一场深刻革命。对此，恩格斯认为，科学技术的极大发展，在一定程度上提高了我们认识和控制那些会产生不良后果的生产行为的可能性，不过还必须有行动，也就是要促使社会制度的变

革。因此，绿色发展理念是马克思主义自然观在当代的现实写照，绿色发展理念强调对生产方式和社会制度的变革，与马克思主义自然观是完全吻合的。对当前中国来说，建设中国特色社会主义生态文明、实现美丽中国的关键环节和重要举措是践行绿色发展理念，推动绿色发展方式和生活方式的变革。

一方面，加快转变经济发展方式。经济发展可以通过要素投入和技术进步两种方式实现。要实现经济绿色发展，就要把发展的基点放到创新上来，建立依靠创新驱动的集约型模式。形成绿色发展方式，改变和消除生产的生态"负外部性"，使经济效益、社会效益和生态效益协调统一起来，最终形成绿色技术创新与绿色增长体系。另一方面，要加快形成绿色生活方式和消费模式。就当前中国来说，由于物质产品的增长，奢侈消费和不合理消费成为消费实践中的主要问题，仍以追求个人利益、提高个别群体健康程度为消费主要推动力是"不完全"的绿色消费。为此，一是需要在全社会树立生态文明理念，加强人们的环保意识和生态意识，进而培养人们的生态道德和行为习惯，加速形成绿色低碳、文明健康的绿色生活方式；二是需要倡导绿色消费习惯，反对铺张浪费，强化节约意识，形成节约适度的绿色消费模式。通过开展对生活方式的绿色革命，还可以迫使生产方式的绿色转型，将建设美丽中国转化为全体人民的自觉行动。

习近平提出的"两山思想"是对生态与经济协调发展理论基础的重要概括，在"两山"理念中，"绿水青山"代表生态保护，"金山银山"代表经济发展。"两山思想"立足中国特色社会主义生态文明实践，就生态保护与经济发展之间的辩证关系进行了科学分析，产生了以"绿水青山就是金山银山"为标志的一系列重要论断，成为指导生态文明建设和经济社会建设的发展理念和基本思路。

"两山"理念突破了生态环境保护与经济发展是权衡取舍关系的传统观

念,从本体论、认识论和实践论的视角打通了生态与发展之间的辩证统一关系,是对马克思主义自然观的创新和发展。首先,"两山"理念将人与自然,经济发展与生态环境看作一个整体。人是自然进化的产物,只有通过与自然不间断的物质能量交换才能实现生存与发展,而真正现实的自然已经是人化自然,具有属人的性质。因此,生态环境与经济发展只有在人与自然的交互影响中才能实现真正统一。其次,"两山"理念是人类中心主义与自然中心主义的统一结果。"绿水青山"是"金山银山"的先决条件,处理"两山"关系必须遵循自然的逻辑。而且只有保护好"绿水青山",才有源源不断的"金山银山"。最后,"两山"理念将自然生产力与社会生产力相统一,提出保护生态环境就是保护生产力,改善生态环境就是发展生产力,更好地将自然力纳入生产力范畴,保护和改善自然力与提高社会生产力是内在统一的。

"两山"理念的核心要义是将生态保护与经济发展融合起来,形成生态优势与经济优势内生兼容机制,是当前处理生态保护与经济发展关系的思想理论基础。习近平将如何认识"两山"关系在经济生产活动过程中的发展历程划分为三个阶段:第一个阶段是用绿水青山去换金山银山,以牺牲生态环境来换取经济发展,忽略了生产活动中自然环境的承载能力;第二个阶段是既要金山银山,也要保住绿水青山,资源环境问题开始凸显出来,人们开始意识到环境保护的重要性;第三个阶段是绿水青山就是金山银山,这时候,通过绿水青山的生态优势转变为经济优势,可以不断地带来金山银山,形成了浑然一体、和谐统一的关系。在这一理念的指导下,需要转变经济发展思路,摒弃那种通过消耗和破坏获取经济利益的发展方式,在保护好绿水青山的前提下,充分发挥其生态优势,以此来提高经济效益。贯彻这一理念的关键环节是要建立生态优势和经济优势相互转化、内生兼容的体制机制,要因地制宜选择好发展产业,要依靠和发展绿色科技,将经济发展从规模数量转向质量效益。

第二章 生态与经济协调发展的政治经济学理论基础

目前国内外关于生态与经济问题的相关研究的主要特点：一是国内外研究大多是在新古典经济学的框架内进行的，这一研究框架难以为生态经济问题提供彻底的解决方案；二是国内外马克思主义学者构建了马克思主义的生态学理论框架，但这些研究主要停留在哲学形态，经济学形态的研究较少；三是近年来国内经济学者从新的视角，运用新的方法研究了生态经济问题，但在理论系统性、马克思主义经济学思想深度以及生态价值量化分析基础方面仍然存在不足。现有研究难以深入并较好解决现实生态问题的关键原因在于，缺乏环境污染的科学量化分析基础，西方经济学中环境污染具有外部性和公共性，而马克思主义经济学中环境污染缺乏劳动价值实体。因此，需要在马克思主义政治经济学基本原理的基础上进行理论创新，构建起生态与经济协调发展的政治经济学理论基础。与此同时，必须充分重视马克思主义生态经济思想，在此基础上深刻理解和把握新时代条件下生态经济新理念。

第一节　基于劳动价值论的生态环境价值理论

价值理论是经济学的基础，只有对商品的交换标准和度量方式进行科学合理的评价，才能够建立起资源配置体系和分配体系。当前生态经济理论和生态价值评估在现实中存在的难题之一就在于缺乏生态环境的价值基础。因此构建科学的生态环境价值理论将是绿色发展政治经济学的重要理论基础。

一、西方经济学的价值价格理论及其缺陷

西方经济学与马克思主义经济学在一定程度上都源自古典政治经济学，亚当·斯密和大卫·李嘉图是古典政治经济学的主要代表人物。他们在价值理论最先创立了比较完整的劳动价值理论基础，特别是李嘉图在继承和批判斯密的价值理论的基础上，坚持和发展了劳动价值理论。但是李嘉图的价值理论存在诸多缺陷，包括马克思所揭示的无法区分劳动和劳动力，也就难以在劳动价值论的基础上破解资本增殖的奥秘；无法区分价值与生产价格，也就无法在劳动价值论的基础上解释等量资本获得等量利润的原因。李嘉图之后，古典政治经济学逐渐走向庸俗化，形成了以萨伊为代表的"三位一体"价值公式。19世纪70年代，产生了对现代西方经济学具有重要影响的边际革命，提出用边际效用来解释商品之间的交换价值。从而西方经济学的价值理论从劳动价值论转向了边际效用价值论。

边际效用价值论仍然建立在"三位一体"公式的基础上，并且将劳动、资本和土地等三要素创造的价值建立在更加精确的量化基础之上。提出要素

创造的价值等于要素的边际产品值,这既作为要素创造的价值大小,也作为要素参与生产的贡献大小,因此也作为要素所有者分配的依据。但是边际效用价值论建立在主观价值理论的基础上,并且根据边际产品值确立的价值创造与收入总量相等需要具备严格的生产函数假定条件。经过马歇尔的改造之后,西方经济学的价值理论逐渐偏向了均衡价值论。

均衡价值理论是新古典学派的创立者马歇尔在 1890 年出版的《经济学原理》一书中形成的。马歇尔将此前"边际革命"中出现的边际分析方法应用于价值理论的研究中,他的价值学说秉承和综合了英国古典经济学中的生产费用论和西方边际主义经济学思潮的主要成果,创立了新古典主义的价值理论——供求均衡价值论。现代西方经济学中占主流地位的新古典综合派,代表人物为保罗·萨缪尔森(Paul A. Samuelson),其微观经济学的价值理论来源于马歇尔的均衡价值论。因此,均衡价值论代表了当代西方经济学的主流价值理论。均衡价值论将商品的价值(价格)看作由供给和需求达到均衡时决定的理论,其中需求是通过边际效用论来进行说明的;供给是通过生产费用论进行说明的,当市场供求均衡时,就形成了均衡价值(价格)。马歇尔之后,新古典学派还根据瓦尔拉斯(Léon Walras)等人的理论,将价值理论推广到社会总产品的均衡分析,即一般均衡理论,而将马歇尔的均衡价格理论看作局部均衡理论。

西方经济学的价值价格理论本身存在的缺陷是显而易见的,不论是边际效用论还是均衡价值论都有着自身难以克服的缺陷。[1]均衡价值论将价值归结为在市场处于供需均衡状态下的一定的货币额。对此,马克思曾指出:"为什么市场价值正好表现为这样一个货币额,而不表现为另一个货币额。资本主义生产的实际的内在规律,显然不能由供求的相互作用来说明。"[2]此

---

[1]　参见白暴力:《西方经济学价值理论缺陷分析》,《经济纵横》,2007 年第 9 期。

[2]　《资本论》(第三卷),人民出版社,2004 年,第 211 页。

外,均衡价值论的主要问题还在于该理论建立在主观价值论的基础之上,将消费者的主观偏好、效用和感受作为商品价值的重要方面,忽视商品价值的客观性。

西方经济学的价值价格理论不能作为生态环境的价值基础,除了自身的缺陷之外,更为重要的是生态环境的特殊属性不能简单套用西方经济学的价值理论基础。一方面,在西方经济理论中,生态破坏和环境污染是一种具有典型外部性特征的经济行为,市场主体的经济活动给生态环境带来的社会成本难以计入市场主体的成本当中,这就意味着市场均衡与社会最优均衡存在着差异。这种情况会使在市场价格形成的过程中,环境污染和生态破坏并不被作为成本的扣减项,从而在市场均衡中忽视对生态的破坏和环境的污染。或者污染成本很低,也表明了市场的不完全性,当然就难以形成有效的污染物价格。另一方面,除了具有外部性的特征之外,生态环境还具有典型的公共性,是一种公共产品。在西方经济学的均衡价值价格理论中,只有当供求双方充分反映了生产和需求状况,价格才能形成并发挥价格机制的作用,调节供求关系和资源配置。但是生态环境作为公共物品,具有非竞争性和非排他性特征,良好的生态环境无论对生产还是生活都是有利的,更是保持人们身体健康的重要因素,但非排他性特征带来市场无法对这部分生态环境产品进行收费。也就是说,生态环境产品无法形成有效的市场价格,让市场主体开展生产和销售是无能为力的,这也是作为西方经济学均衡价值理论不能在生态环境产品中起作用的根本原因所在。

二、劳动价值论是构建生态价值论的基础

在古典政治经济学产生的早期就有一些劳动价值论的思想,如威廉·配第的论著中就有以劳动时间决定商品价值的基本命题,提出"劳动是财富之

父,土地是财富之母"的重要论断。亚当·斯密则系统论述了劳动价值论,强调任何一个生产部门的劳动都是国民财富的源泉,可惜斯密没有正确确立价值这一范畴,将价值和交换价值相混淆,最后又从劳动价值论转向了"三位一体"的收入构成论。尽管如此,斯密明确了生产所需要的劳动量与商品价值之间的直接关系,将劳动作为商品价值的唯一源泉的论断对后来科学劳动价值论的创立具有重要意义。大卫·李嘉图是英国古典政治经济学的完成者,他将斯密劳动价值论的观点坚持并进行了发展。李嘉图坚持了价值决定于劳动时间的理论并在价值量的问题上,做出了比前人更加详细的分析。①但李嘉图的劳动价值论存在诸多矛盾,在其弟子的庸俗化解释和反对者的极力攻击下,古典政治经济学的劳动价值理论被逐渐抛弃。与后续西方经济学舍弃掉劳动价值理论的路径不同,马克思站在了坚持和发展古典政治经济学劳动价值论的基础上,通过重新对资本主义经济关系和商品货币关系进行深入研究,创立了科学的劳动价值论。

(一)确立价值作为商品经济的基本范畴

马克思首先区分了商品的使用价值和交换价值,但是与古典经济学家不同的是,马克思并没有因此限于分析交换价值及其变化规律,而是试图发现交换价值背后的本质东西。他指出:"交换价值好像是一种偶然的、纯粹相对的东西,也就是说,商品固有的、内在的交换价值似乎是一个形容语的矛盾。"②通过对商品交换价值的层层分析,马克思第一次将价值从交换价值中抽象出来,作为一个独立的范畴进行分析,从而确立了商品经济的这个重要的理论范畴。他认为交换价值是价值的表现形式,价值才是真正内容和本质

① 参见陈岱孙:《从古典经济学派到马克思——若干主要学说发展论略》,商务印书馆,2014年,第81页。

② 《资本论》(第一卷),人民出版社,2004年,第49页。

的东西。在区分了价值的表现形式与价值实体之后,马克思进一步对价值量进行科学的分析,认为商品价值量取决于社会必要劳动时间。社会必要劳动时间是"在现有的社会正常的生产条件下,在社会平均的劳动熟练程度和劳动强度下制造某种使用价值所需要的劳动时间"[1]。显然,决定商品价值量的社会必要劳动时间不是由某个企业的个别劳动时间决定的,而是行业的平均劳动时间或者说是行业内所有企业的加权平均劳动时间。

(二)创立劳动二重性理论

马克思根据商品的二重性导出了劳动也具有二重性,分别是具体劳动和抽象劳动,并且认为这是理解政治经济学的枢纽。可见劳动二重性理论在马克思的价值理论甚至整个经济理论中的重要作用。一方面,要生产一种能够满足某种特定需要的使用价值的产品,就必须使用某种特定的劳动工具和劳动对象,采取某种特定的劳动方法,并且进行特定的劳动活动,即"每个商品的使用价值都包含着一定的有目的的生产活动"[2],表现为具体劳动。另一方面,"如果把生产活动的特定性质撇开,从而把劳动的有用性质撇开,生产活动就只剩下一点:它是人类劳动力的耗费"[3]。这种劳动是同质的、无差别的人类劳动,表现为抽象劳动。具体劳动和抽象劳动在生产使用价值和价值的过程中具有不同的作用,具体劳动形成使用价值,抽象劳动创造价值。具体劳动和抽象劳动的划分,将古典政治经济学中的劳动价值论进一步科学化,对商品的使用价值和价值进行了科学的区分。

---

① 《资本论》(第一卷),人民出版社,2004年,第52页。

② 同上,第55页。

③ 同上,第57页。

（三）区分劳动和劳动力价值

马克思通过区分劳动和劳动力，解决了李嘉图劳动价值论中的第一个矛盾。马克思指出："在资产阶级社会的表面上，工人的工资表现为劳动的价格，表现为对一定量劳动支付的一定量货币。"[①]即资本主义的工资形式使资本主义工资表现为劳动的价值或价格，但"实际上，在商品市场上同货币所有者直接对立的不是劳动，而是工人。工人出卖的是他的劳动力。当工人的劳动实际上开始了的时候，它就不再属于工人了，因而也就不再能被工人出卖了。劳动是价值的实体和内在尺度，但是它本身没有价值"[②]。只有工人出卖的是劳动力而不是劳动，资本家和工人之间的交换作为等价交换，工人获得的是劳动力价值，是再生产劳动力所需要的消费资料的价值。而工人在劳动过程中能够创造出比自身劳动力价值更大的价值，这部分价值就是被资本家无偿占有的剩余价值。马克思正是通过对劳动和劳动力的区分，构建起劳动价值论的科学基础，不仅揭示了资本增殖的奥秘，也揭示了资本对劳动剥削的本质。

（四）从价值到生产价格的转型

劳动价值论的科学化不仅在于揭示商品交换最本质的内涵，还需要解释竞争中价值标准的变化。古典政治经济学的一大缺陷在于将资本主义竞争阶段的价值标准作为价值理论的一般条件，而忽视了资本主义的不同发展阶段。导致斯密从劳动价值理论转向了"三位一体"的要素收入决定论，李嘉图学派则难以解释新旧葡萄酒的价值决定问题而最终走向解体。马克思认为，价值是商品交换的本质层面，在资本主义发展初期，劳动价值始终在

[①] 《资本论》（第一卷），人民出版社，2004年，第613页。

[②] 同上，第615页。

商品交换标准中充当主要作用,当资本主义进入自由竞争阶段,各部门差异化的利润率会通过资本流动和竞争作用形成一般利润率,在部门利润率平均化的同时,价值转化为生产价格。生产价格由成本价格和平均利润的总和构成,取得了商品交换标准的基础,商品市场价格将围绕生产价格上下波动。但是,价值转化为生产价格,并不否定价值规律,而是价值规律在竞争状态下取得了新的表现形式。生产价格理论是马克思劳动价值论的重要组成部分。

马克思的劳动价值论尽管建立在古典政治经济学劳动价值理论的基础之上,但是已经对古典劳动价值论进行了彻底的革命性地改造。此外,劳动价值论相比现代西方经济学的价值理论,克服了价值评价主观性的缺陷,同时又不是简单的价值论的翻版,既考虑了资本主义发展的历史性,也考虑了价值内涵的逻辑转化。劳动价值论仍然是理解现代资本主义社会关系演变的基础性理论,也是市场经济中商品交换的依据;既包括了以抽象劳动作为实体性要素的绝对价值,也包含了以交换价值作为表现形态的相对价值。从这一角度来看,我们认为构建生态环境价值理论不能基于西方经济学的价值价格理论,而是要以马克思的劳动价值论为基础和出发点。

三、从劳动价值论出发构建生态环境价值理论

生态环境价值理论应该以劳动价值论为基础和出发点,但由于生态环境与一般商品存在着诸多差别,这必然导致劳动价值论不能直接导出生态环境的价值,而是需要以劳动价值论为基础,构建生态环境价值理论。生态环境的特殊性主要体现在以下两个方面。

一是生态环境通常与自然力结合在一起,并非直接是劳动产品。如土地、矿石等自然资源。首先,自然资源作为一种自然财富在社会生产中发挥

着重要作用,本身也是作为生产其他产品的必要前提和基础。马克思指出:"没有自然界,没有感性的外部世界,工人就什么也不能创造。它是工人用来实现自己的劳动、在其中展开劳动活动、由其中生产出和借以生产出自己的产品的材料。"①自然资源的这一特性与其稀缺性结合在一起,将会引起自然资源供给的垄断性。在西方经济学中,垄断的存在限制自由竞争发挥作用的机理,那么市场将会是失灵的。在自由竞争的市场失灵时,价格机制就难以发挥作用,供求均衡价格理论也就失去了发挥作用的基础。其次,自然资源尽管不具有价值并且也不转移和形成新价值,但是自然资源在交换过程中又具有一定的交换价值。马克思在《资本论》中曾经以土地产品为例,提出:"没有价值的东西在形式上可以具有价格。在这里,价格表现是虚幻的,就象数学中某些数量一样。最后,虚幻的价格形式——如未开垦的土地的价格,这种土地没有价值,因为没有人类劳动物化在里面——又能掩盖实在的价值关系或由此派生的关系。"②这意味着自然资源并不具有劳动实体,难以直接用社会必要劳动时间和劳动消耗来衡量自然资源的价值,劳动价值论在这里不能直接应用。

二是生态环境通常通过负效用和负使用价值的方式体现其存在的价值。良好的生态环境是生产和消费等经济活动顺利开展的基本条件,但这一条件的显现只有在生态环境遭到破坏之后才能反映出来。当生态破坏和环境污染成为事实,并影响到生产和消费等经济活动的正常进行,而生态环境作为经济活动的条件时,价值量如何计量成为需要解决的关键问题。由于生态环境难以形成具有特定产权主体的商品体系,其价值量无法通过市场的方式进行评估。更为重要的是,生态破坏和环境污染对经济造成的负面影响也难以准确地通过市场机制进行估算。由此可见,生态环境的这一特征意味

---

① 《马克思恩格斯全集》(第42卷),人民出版社,1979年,第92页。
② 《资本论》(第一卷),人民出版社,2004年,第123页。

着西方经济学的均衡价格理论并不能作为生态环境的价值基础。马克思的劳动价值论具有潜在的基础，因为劳动价值论更加强调价值背后的劳动实体，以劳动时间和劳动量来计量价值量。但是生态破坏和环境污染又与一般具有正使用价值的商品不同，负的使用价值如何通过劳动消耗体现其价值，需要对劳动价值论有一个创新性的应用。

通过上述简单的分析，我们认为西方经济学的价值价格理论由于其自身缺陷，难以应对生态环境这类具有特殊性的物品定价问题，只有基于马克思的劳动价值理论，才能构建出生态环境价值理论，为研究生态与经济协调发展问题奠定价值理论基础。

首先，马克思尽管没有直接阐述生态环境或自然资源的价值问题，但是在论述土地价格和地租时，不仅提到了"虚假的社会价值"概念，还谈到了土地价格是地租的资本化。马克思认为，由于土地并非劳动产品，因此土地本身没有价值，但现实中土地买卖的价格实质上是地租的资本化表现。马克思还具体指出土地价格的计算方法："土地的购买价格，是按年收益若干倍来计算的，这不过是地租资本化的另一种表现。实际上，这个购买价格不是土地的购买价格，而是土地所提供的地租的购买价格，它是按普通利息率来计算的。"① 由于土地资源的有限性，土地产品的市场价格与一般商品由中等生产条件下的社会必要劳动时间的决定不同，是由劣等土地的生产条件决定，由此会形成土地产品的社会价值总额将会高于个别价值总额，因此存在虚假的社会价值。因此，我们可以基于马克思关于土地价格和"虚假的社会价值"相关理论论述构建自然资源的虚拟价值理论。

其次，马克思尽管没有对生态破坏和环境污染带来的成本直接进行价值决定的分析，也没有将生态环境产品纳入生产要素的范畴加以考察，但马

---

① 《资本论》（第三卷），人民出版社，2004年，第703页。

克思的社会必要劳动时间决定商品价值量的原理以及劳动过程理论为污染物的定价和生态产品的价值核算提供了基本思路。污染物的负效用或负使用价值决定了负价值，而负价值又可以通过污染物治理和净化过程所需耗费的社会必要劳动时间来进行度量,以此反向决定生态环境产品的价值量。根据这一原理,劳动价值论可以应用到对污染物的定价问题解释之中,将污染物看作污染治理过程的投入品,而将污染物清零后的状态看作产出,这样整个污染治理和净化过程的劳动消耗(包括物化劳动和活劳动)就可以作为污染物的负价值。

第二节　生态因素内生化的生态经济再生产理论

从根本上来说,绿色发展的主要目标在于保持生态和经济可持续发展,即保证生态再生产和经济的再生产能够顺利进行。物质产品的再生产问题本身是经济学中研究的重要问题,但生态与经济协调发展,需要将生态因素纳入经济再生产体系当中进行考察,构建生态经济再生产理论。

一、马克思的社会再生产理论

从生产过程来看,生产是一个持续的不断再生产的过程,一个生产周期结束后需要重新补偿和替换生产资料,并保持劳动者与生产资料的再一次结合,才能进入下一个生产周期。人类社会生产本质上是一个不断进行再生产的过程,只有在不间断的生产中才能维持人类生存和发展。从社会生产来看,社会再生产过程不仅仅是生产过程,而且包含流通、分配和消费等各个环节的社会生产全过程。社会再生产需要在生产、流通、分配和消费各环节相互衔接、相互联系中有序进行。马克思的社会再生产理论也是建立在古典政治经济学的社会再生产理论基础之上，特别是对法国重农学派创始人魁奈的《经济表》吸收借鉴，以及对"斯密教条"批判的基础上建立和完善的。社会再生产理论主要考察社会生产部门之间实现社会总产品再生产、完成实物替换和价值补偿所需具备的条件问题。

(一)社会再生产的本质是扩大再生产，但需要从分析简单再生产开始

所谓简单再生产是社会资本在生产状况不变的条件下不断重复的生产，是生产保持原有规模的重复过程。简单再生产尽管不是社会生产的真实状况，却是研究社会扩大再生产的基础和前提。这是因为简单再生产抽象掉了再生产过程的资本积累和规模扩大的因素，可将更多的关注点集中在社会总产品在实物替换和价值补偿方面的实现问题。同时，简单再生产已经完全可以揭示再生产的本质，不仅是物质资料的再生产，而且还是劳动力再生产和社会关系再生产的统一。

(二)马克思的再生产是指物质生产部门的价值再生产，这是因为该理论是建立在劳动价值理论的基础之上，因此这一再生产是价值的再生产，所考察的再生产部门也只能是物质生产部门

马克思主义经济学从人类最基本的物质资料的生产入手，是对社会生产的最本质的概括，物质资料的生产是一切社会经济活动的出发点，也是马克思主义经济学的基础。马克思的劳动价值概念是指物质生产领域的生产性劳动所创造的价值。

必须指出的是，马克思的生产劳动不仅包括为市场提供物质产品的农业、工业、建筑业、物质技术业等领域中的生产性劳动，还包括从事有形和无

形商品场所变更的劳动,如为市场提供货物和人员空间位移的运输劳动,提供书信、消息、电报和电话等各种信息传递的邮电劳动。除此之外,马克思认为其他流通领域中不创造价值和剩余价值的劳动都是非生产性的劳动,其费用的补偿是通过国民财富的再分配取得的。

(三)马克思的社会再生产理论有两个基本前提

一个前提是物质生产部门划分为两大部类:生产生产资料的部类Ⅰ和生产消费资料的部类Ⅱ。一方面,马克思将社会总产品分成生产资料和消费资料两大类,生产资料是指:"具有必须进入或至少能够进入生产消费的形式的商品。"[①]而消费资料是指:"具有进入资本家阶级和工人阶级的个人消费的形式的商品。"[②]另一方面,这两大类产品中,每一类都拥有不同的生产部门,把这些生产部门总和起来形成一个单一的大的生产部类:其一是生产生产资料的部类,其二是生产消费资料的部类。两大部类的划分是马克思研究再生产理论中物质补偿的前提和基础。

另一个前提是,马克思将两大部类物质产品的价值构成分解为三个部分:不变资本 c,可变资本 v 和剩余价值 m。"在这两个部类中,每一部类借助这些资本而生产的全部年产品的价值,都分成:代表生产上消费掉的、按其价值来说只是转移到产品中去的不变资本 c 的价值部分和由全部年劳动加入的价值部分。后者又分成:补偿预付可变资本 v 的部分和超过可变资本而形成剩余价值 m 的部分。"[③]三个价值组成部分的设定既是马克思劳动价值理论的基础,也是马克思研究再生产理论中价值补偿的前提和基础。

---

① 《资本论》(第二卷),人民出版社,1975 年,第 438~439 页。
②③ 同上,第 439 页。

（四）马克思构建了简单再生产图式，并通过分析简单再生产关系，阐述了简单再生产的实现条件

在上述前提条件下，社会总产品的两大部类的价值构成分别表示为：第 I 部类：$z_1=c_1+v_1+m_1$；第 II 部类：$z_2=c_2+v_2+m_2$。其中，c_i、v_i、m_i、z_i 分别表示第 i 部类（$i=1,2$）的不变资本、可变资本、剩余价值和商品价值。社会总产品的实现需要通过交换完成，而交换的完成意味着同时实现了实物补偿和价值补偿问题。简单再生产的实现包括部类之间的交换（v_1+m_1 与 c_2 之间的交换）以及部类内部的交换（c_1 内部交换以及 v_2+m_2 内部交换），马克思认为再生产实现的主要困难在于两部类之间的交换问题，因此，简单再生产的基本实现条件可以表示为：$v_1+m_1=c_2$。并进一步引申出简单再生产的两个派生条件。

在简单再生产的基础上，马克思分析了更能体现社会生产本质的扩大再生产条件下社会总产品的实现问题。扩大再生产是社会总资本在规模扩大的条件下实现再生产和流通的过程，是生产过程在规模不断扩大的状态下的更新和重复。扩大再生产的重要方式是资本积累，而资本积累的源泉是剩余价值，通过剩余价值资本化实现资本积累和社会总资本的扩大再生产。因此，扩大再生产要求两大部类的价值构成进行重新组合如下：第 I 部类：$z_1=(c_1+\Delta c_1)+(v_1+\Delta v_1)+(m/x)_1$；第 II 部类：$z_2=(c_2+\Delta c_2)+(v_2+\Delta v_2)+(m/x)_2$，其中第 I 部类资本家用于积累和用于消费的量分别为：$\Delta c_1+\Delta v_1$、$(m/x)_1$，因此这些量必定满足：$(\Delta c_1+\Delta v_1)+(m/x)_1=m_1$。同理，第 II 部类资本家用于积累和用于消费的量分别为：$\Delta c_2+\Delta v_2$、$(m/x)_2$，满足：$(\Delta c_2+\Delta v_2)+(m/x)_2=m_2$。同样道理，两大部类之间的交换要满足第 I 部类用于同第 II 部类相交换的生产资料价值等于第 II 部类用于同第 I 部类相交换的消费资料价值，即：$v_1+\Delta v_1+(m/x)_1=c_2+\Delta c_2$。

二、社会再生产理论的部门拓展

马克思社会再生产理论的创立经历了一个过程，是对前人关于再生产理论借鉴和批判的基础上形成和发展的。社会再生产理论为分析社会各个部类或部门之间生产关系和交换关系的协调问题提供了基本思路和理论基础。当然，这一理论也并非是一个完成的、封闭的体系，而是一个开放的体系，随着时代的发展和社会经济条件的变化，马克思的社会再生产理论也应该与时俱进，根据现实变化进行一定的发展和创新。正如曾任 MEGA 编委会主席的巴加图里亚指出的："发展是马克思主义的存在方式。"①

马克思曾在《资本论》第二卷中对社会再生产的部类进行拓展，将消费资料部类分为普通消费品部类和奢侈品部类，其中普通消费品为工人消费所需，而奢侈品部类为资本家消费所需。这种再生产部门的拓展为我们研究现代社会再生产问题提供了创新思路。根据现实条件的变化，现代经济社会已经与马克思所生活的年代有了很大区别，主要表现在：一是经济全球化深入发展，对外贸易已经成为各国商品买卖的重要渠道，并且使得各国经济联系更加紧密；二是服务业发展迅猛，世界上越来越多的国家服务业成为第一大产业，流通领域的规模和范围都在不断扩大；三是公共部门在国民经济中的占比越来越大，不论是资本主义国家还是社会主义国家，随着生产力水平的提高，社会化大生产的发展，政府的经济功能日益突出。这些新变化需要对经典马克思主义社会再生产理论进行拓展和创新，对此我们将生产部类进行了拓展，从原有的两大部类拓展为包括物质生产部门、生产性服务部门、生产性政府部门和对外经济部门。除了物质生产部门包括生产资料生产

---

① ［俄］格奥尔基·巴加图里亚：《恩格斯对马克思学说的贡献》，徐洋摘译，《国外理论动态》，2005 年第 11 期。

和消费资料生产部类之外,其他三个拓展部门做如下的设定。

首先,对外贸易部门对国内产品供求缺口起到调节作用,将其纳入再生产的部门分析中。对外贸易部门是指从事经常性贸易进出口的部门,涉及范围较广,包括从事出口产品的生产企业和商业企业、进口原料加工企业、进口产品的商业企业等。在开放经济条件下,对外贸易使得社会再生产顺利进行的实现条件变得更加灵活,物质生产两大部类的比例将不具有必然的联系,它们之间的差额在一定程度上可由进出口代替。基于此,我们将对外贸易部门纳入两大部类的分析中。为了方便分析,根据对外贸易的产品差异,我们将对外贸易部分分为生产资料进口部门、生产资料出口部门、消费资料进口部门以及消费资料出口部门。

其次,将非物质生产部门区分为生产性和非生产性部门,并将生产性服务部门纳入再生产的两大部类中。非物质生产部门与物质生产部门相对应,生产无形产品或服务类产品,通常也称为服务性部门,或服务性行业。根据服务性行业的劳动是否创造价值和剩余价值,将其分为生产性服务行业和非生产性服务行业。生产性的服务性行业与物质生产部门一样,也创造价值和剩余价值。具体地说,生产性服务部门包括①:一是为物质生产领域中提供活劳动的服务业,如运输、建筑安装、电讯业;二是为精神生产领域中提供的活劳动的服务业,如教育、表演、咨询业;三是为个人生活消费服务,如理发、澡堂、旅馆、旅游等。也可以分为生产生产性服务产品的部门和生产消费性服务产品的部门两类。

最后,将政府部门分为生产性政府部门和非生产性政府部门,并将生产性政府部门纳入两大部类中。政府部门在经济活动中以两种形式存在:一种是以国有企业的形式存在,与私人企业一样,生产和销售商品,并以获得利

---

① 参见程恩富等:《劳动创造价值的规范与实证研究》,上海财经大学出版社,2005年,第183页。

润为目标。另一种是以公共服务部门的形式存在,对经济活动进行监督管理以及引导调控,并且为社会提供公共产品。前者本质上等同于一般的企业,同样需要投入资本和劳动,并且创造价值和剩余价值,我们将其称为生产性的政府部门。生产性政府部门根据其所生产的产品类型的不同,分为生产生产资料的部类和生产消费资料的部类两大类。

为了方便分析,对符号设定如下:一是物质生产部门、生产性服务部门和生产性政府部门分别用字母 m、s 和 g 表示,且定义部门集合 $A=\{m,s,g\}$,与生产资料相关的部门为第 I 部类,与消费资料相关的部门为第 II 部类。二是各部门的不变资本、可变资本、剩余价值和价值分别用字母 c、v、m 和 z 表示;且分别以 c_j^i、v_j^i、m_j^i 和 z_j^i 表示生产第 i 部类产品(服务)的部门 j 的不变资本、可变资本、剩余价值和价值,其中 $i=1,2,j\epsilon A$;分别以 c_{jk}^i、v_{jk}^i 和 m_{jk}^i 表示生产 i 产品(服务)的部门 j 用于和部门 j 相交换的 i 产品(服务)的不变资本、可变资本和剩余价值,若 $j=k$,则表示用于本部门内部交换。三是 nx_j^1、ex_j^1、im_j^1 分别表示部门 j 的生产资料净出口额、生产资料出口额和进口额;相应地,nx_j^2、ex_j^2、im_j^2 分别表示部门 j 的消费资料净出口额、消费资料出口额和进口额。以 ex 表示出口总额,im 表示进口总额。

因此,拓展后的国民经济各部门的价值构成为(其中 $j\epsilon A$):

$$\begin{cases} z_j^1=\sum k\epsilon A\,(c_{jk}^1+v_{jk}^1+m_{jk}^1)+ex_j^1 \\ z_j^2=\sum k\epsilon A\,(c_{jk}^2+v_{jk}^2+m_{jk}^2)+ex_j^2 \end{cases} \tag{2.1}$$

根据马克思的再生产理论,(2.1)式所表示的国民经济各部门在简单再生产情况下实现均衡的基本条件可以表示为(其中 $j,k\epsilon A$):$c_{jk}^1=c_{jk}^1$,$v_{jk}^1+m_{jk}^1=c_{jk}^2$,$v_{jk}^2+m_{jk}^2=v_{jk}^2+m_{jk}^2$。其中,当 $j=k$ 时,表示各经济部门内部交换的均衡关系;当 $j\neq k$ 时,表示各经济部门之间交换的均衡关系。在考察扩大再生产实现条件之前,首先需要将国民经济各部门的价值构成重新组合为(其中 $j\epsilon A$):

$$\left| \begin{array}{l} z^1_j = \Sigma k \epsilon A \left(c^1_{jk} + \Delta c^1_{jk} + v^1_{jk} + \Delta v^1_{jk} + \dfrac{m^1_{jk}}{x} \right) + ex^1_j \\[3mm] z^2_j = \Sigma k \epsilon A \left(c^2_{jk} + \Delta c^2_{jk} + v^2_{jk} + \Delta v^2_{jk} + \dfrac{m^2_{jk}}{x} \right) + ex^2_j \end{array} \right. \qquad (2.2)$$

同样地,根据马克思再生产理论,实现均衡增长的基本条件也可以表示为(其中 $j,k \epsilon A$): $c^1_{jk} + \Delta c^1_{jk} = c^1_{jk} + \Delta c^1_{jk}$, $v^1_{jk} + \Delta v^1_{jk} + \dfrac{m^1_{jk}}{x} = c^2_{jk} + \Delta c^2_{jk} + v^2_{jk} + \Delta v^2_{jk} + \dfrac{m^2_{jk}}{x} =$

$v^2_{jk} + \Delta v^2_{jk} + \dfrac{m^2_{jk}}{x}$。在 $j \neq k$ 的情况下,表示经济各部门之间的均衡增长条件,在 $j=k$ 的情况下,表示经济各部门内部的均衡增长条件。同样道理,可以分别得到简单再生产和扩大再生产的两个派生条件。$z^1_j = \Sigma k \epsilon A \left(c^1_{jk} + \Delta c^1_{jk} + c^2_{jk} + \Delta c^2_{jk} \right) +$

$im^2_j, z^2_j = \Sigma k \epsilon A \left(v^1_{jk} + \Delta v^1_{jk} + \dfrac{m^1_{jk}}{x} + v^2_{jk} + \Delta v^2_{jk} + \dfrac{m^2_{jk}}{x} \right) + im^1_j$。前式表示部门 j 所生产的生产资料的总价值必须等于其他部门对生产资料的总需求(包括净出口需求),后式表示部门 j 所生产的消费资料的总价值必须等于其他部门对消费资料的总需求(包括净出口需求)。

三、基于社会再生产理论构建生态经济再生产理论

上述社会再生产理论的部门拓展是在现代经济条件变化的情况下,对马克思主义社会再生产理论的一个现代创新。从分析过程和结果来看,并没有改变马克思社会再生产理论的基本框架,而是在其基础上增加了部门或部类的细分,从而使得再生产理论更能够解释现实经济,特别是用于解释现实中部门之间的协调和流通关系。根据同样的思路,我们认为要研究生态与经济之间的协调发展关系问题,需要将生态因素纳入社会再生产的经济体系中加以考察。

首先,生态环境问题在经济系统中的重要性越来越重要。在马克思生活的年代,世界经济还处于资本主义自由竞争时期,资本主义生产力水平刚开始发展。那时经济活动对资源环境和生态系统的影响很低,一方面,自然资源的开发和利用还处于初期阶段,自然资源的存量相对于经济需求量来说是供过于求;另一方面,生态环境的自净能力完全能够应付经济活动给生态环境造成的影响,生态破坏和环境污染并没有成为经济发展的障碍。但是随着生产力水平的提高和科技的发展,资源消耗急剧增加,生态环境问题日益突出。据统计,整个 20 世纪,人类消耗了 1420 亿吨石油、2650 亿吨煤、380 亿吨铁、7.6 亿吨铝、4.8 亿吨铜。占世界人口 15% 的工业发达国家消费了世界 56% 的石油和 60% 以上的天然气、50% 以上的重要矿产资源(潘岳,2004)。环境污染带来的气候问题已经成为全球必须面临的严峻问题,由于工业发展的需要,大量向空气排放废水废气废渣,据统计,全球大气中二氧化碳浓度 2005 年达到了 379ppm,超过了记录的自然变化范围(180~330ppm)。资源环境问题已经成为影响经济社会可持续发展的主要障碍,这意味着,研究经济发展的问题不能忽视生态环境因素,而应该将其纳入生态经济的大系统中进行研究。

其次,马克思社会再生产理论为生态经济问题的研究提供了良好的分析框架和理论基础。正如前文所述,马克思的社会再生产理论主要考察社会生产的各个部类之间的再生产平衡和社会总产品的流通与实现问题,特别是通过再生产图式和模型的方式深入考察了两大部类之间的事物补偿和价值补偿问题。与此同时,学术界对马克思再生产理论的部类进行了拓展分析,将两大部类拓展为包括政府部门、国外部门和虚拟经济部门等多部门。再生产部门的拓展为研究物质生产部门与其他部门之间相互交换和流通的平衡问题提供了分析框架和逻辑基础。当今社会,资源环境问题已经成为人们普遍关注的问题,在研究经济发展问题时,必须将资源环境和生态问题纳入经济体系当中进行研究。更为重要的是,资源生态环境因素已经成为影响经济发展的重要因素,甚至在一定程度上资源生态环境问题是经济是否可持续发展的关键。不仅资源能源是经济再生产必不可少的要素,生态环境也是当前社会生产和生活所必需的组成部分。也就是说,生态与经济之间的联系越来越紧密,而生态环境与经济发展之间的关系需要在两者之间微观联系的基础上构建宏观协调关系模型,这种微观的经济关系正是在生态与经济的再生产过程中发生的。

最后,基于社会再生产理论构建生态经济再生产理论是研究生态与经济协调发展问题的基础。得益于马克思的社会再生产理论本身的优势,不仅关注部门之间的协调和平衡问题,克服了西方经济学的相关理论只注重总量忽视结构的缺陷,而且为研究部门之间的物质交换和价值流通问题奠定了定性和定量分析基础。一方面,西方经济学的经济增长理论只是总量理论,只考察经济总量及其各个影响因素之间的关系,而其微观理论只注重企业和消费者个体经济行为,难以分析部门和产业之间的经济结构和协调关系。另一方面,正如第一节所分析的,西方经济学缺乏资源和生态环境的价值基础,难以评估生态价值及其与经济之间的价值交换关系。相反,马克思的社会再生产理论尽管只考察生产资料和消费资料两个物质生产部类的再生产平衡问题,但是拓展之后的再生产理论可以将生态因素纳入社会再生产体系中进行研究。资源环境将单独作为一个再生产的部门,与物质生产部门进行物质交换和价值补偿,由此构建基于社会再生产的生态经济再生产理论。在本书后面我们将详细考察生态与经济再生产理论,并建立生态经济再生产理论模型,从定性和定量相结合的角度考察生态与经济协调发展问题。

第三节 基于马克思主义自然观的生态经济新理念

人与自然的关系问题始终是人类社会发展进程中不可回避的问题。随着社会生产力水平的提高,人类赖以生存的自然界遭到了不断的破坏,生态环境问题日益成为人们关注的焦点。如何认识和处理人与自然的关系不仅是重大的现实问题,也是构成自然生态观的重要内容。自然观是人们对整个世界认识的基础,是人们对自然界的根本看法。自然观影响并决定着人们处理人的发展与自然界的存续之间关系的观念和方式,与此同时,人们对人与自然的观念并不是与生俱来的,而是在一定的历史文化背景下形成的,并随着社会实践不断发展深化。

一、马克思主义自然观的基本命题

自然观作为人们认识和改造自然界、建立人与自然关系的存在论基础与认识论前提,构成人关于自然界的观念及其实践活动的总体性原则。马克思主义自然观以历史唯物主义为核心、以人对于自然界的感性-对象性活动(实践)为根基,关于自然本源、演化规律、内在结构以及人与自然关系的历史认知构成了其丰富内容。在理论特质上,既承认自然界优先性、客观性和现实性,又强调自然概念的社会性、历史性和过程性。

(一)人化自然观:人是自然界的组成部分

自然包括"自在自然"和"人化自然",马克思认为,真正的现实的自然界不是开天辟地以来就有的自在自然,而应是人化自然,那种"被抽象地理解的、自为的、被确定为与人分隔开来的自然界,对人来说也是无"①。对人类而言,人化自然才是真正的自然。而要理解这一点,需要从自然观的发展与自然科学发展的关系中来把握。在实践上,自然科学通过工业打通了与人的生活联系,伴随自然科学的日新月异,不仅提高了社会生产力,还不断地改变了人们的生活,更促进了人类解放事业的实现。从现实性上来看,自然与人以及自然科学与人之间的历史性关系表现为工业本身。因此,只有在这一现实的历史关系中,也就是只有在现实的工业生产活动过程中,才能够真正认清及理解自然界中的人的本质性。从历史发展的长河来看,人在实践活动中创造了人类社会的历史,不仅如此,还生成了自然界的历史。这表明了人化自然的历史生成过程中,自然除了具有客观现实性之外,还具有社会历史性特征。

人化自然揭示了自然界具有人的本质,自然界作为历史的产物,强调其社会历史性。马克思将人与自然置于历史的坐标系中进行考察,认为现实的自然生成的历史与现实的人的历史是同一个过程,在这一过程中,人与自然的生成是双向互动的,人在自身的现实发展中也实现了人化自然。特别是在工业时代,工业化的历史使人化自然最大程度地成为现实,人与自然逐渐融合成为一个有机整体。由此可见,马克思主义自然观认为自然与历史在实践的基础上,既相互制约,又相互贯通、相互转化。这正如恩格斯所指出的:"自然和历史——这是我们在其中生存、活动并表现自己的那个环境的两个部分。"②

人化自然的核心要义是人作为自然的组成部分,不能凌驾于自然之上。恩格斯在《自然辩证法》中指出:"我们连同我们的肉、血和头脑都是属于自然界和存在于自然界之中的。"③人化自然形成后,作为自在自然也只是观念

---

① 《马克思恩格斯文集》(第一卷),人民出版社,2009年,第200页。
② 《马克思恩格斯全集》(第39卷),人民出版社,1974年,第83页。
③ 《马克思恩格斯文集》(第九卷),人民出版社,2009年,第560页。

中的,因为只要现实中的自然都是纳入社会生产关系中的人化自然。由此可见,人自身已经作为自然的组成部分,并内生于自然之中。马克思认为,人是一种自然存在物,具有能动性和受动性两个方面。能动性是人通过对象性活动将自己的本质力量在其对象中全面展开,是人与其他自然存在物的根本区别;而受动性是指人同其他动植物一样是感性的对象性存在,受到自然的制约及限制。因此,一个存在物,如果在除了它本身之外,还具有对象性存在,那就是自然存在物。

(二)生态自然观:自然界是人的无机身体

如果说人化自然观体现的是自然的社会性、历史性和过程性,那么生态自然观可以看成是对自然的优先性、客观性和现实性的体现。生态自然观是在马克思主义自然观发展变化中形成的,揭示了自然界及其与人类之间的辩证统一关系。就自然是任何事物的起点与前提来看,人本身也只是自然的存在物并归属于自然,可以说,自然界在人的任何问题上都具有先在性。

作为具有先在性的自然界,是人从中获取生产和生活所需要的物质资源的重要场所。人对自然的认识也是从人对自然的利用开始的,同时也以自然作为人生存和发展的基本前提。马克思曾明确指出,在资本主义生产活动中,工人的劳动只有在自然界中才能得以实现,并借助自然界才能生产出自己得以存在的基础;一旦离开自然界,工人将什么也不能创造。这表明,自然界不仅为人提供了生产资料,使人的劳动得以存在,也为人提供了生活资料,使人能够维持其肉体生存。因此,从人的实践领域来看,自然界是人生产生活的无机界。不仅如此,自然还为人类提供人文和自然科学的对象,马克思认为,自然界中所包含的动植物、空气、水、石头等,既作为自然科学的对象,也作为艺术的对象,都是人的精神活动的组成部分。人的科学和艺术活动必须以此为思维对象,人们也通过呼吸新鲜空气,感受温暖阳光,欣赏美丽植物等等,获得精神上的愉悦。作为精神食粮,自然界又形成人精神领域的无机界。

人在实践过程中,不断与自然界交换物质资源。一方面,通过劳动从自然界中获取资源。物质资料生产是人的一切社会关系的基础和前提,而物质资料生产所需要消耗的生产资料归根结底不外乎是人的劳动作用于自然物质之后所带来的产物。人与自然之间关系过程是劳动,人通过劳动,作用于自然界,将自然转变为人化自然,形成可用于人生产生活所需的物质资源。另一方面,又以一定的形式把这些资源返还给自然。人类在生产和消费过程中会产生各种废弃物,包括在工农业生产活动中形成的废水、废气、废渣,生活消费之后产生的生活垃圾,以及人自身新陈代谢所产生的排泄物等等。总之,人与自然界进行物质资源交换以劳动为中介,人从自然中获取衣食住行、生产和消费的物质资料,然后又以生产的、消费的排泄物方式返还自然。人与自然界之间正是通过物质和能量的交换和循环关系而相互存在。

(三)生产方式变革是破解人与自然矛盾的根本方法

人与自然之间矛盾激化所引发的生态环境问题的根源是什么,这一问题引起学术界诸多争议。撇开这一争论问题,马克思认为现代的生产方式,即大工业和大农业的生产方式,使得自然力遭到了滥用和破坏,前者针对的是人类的自然力,即劳动力;后者针对的是土地的自然力,现代农业的生产方式在一定程度上使土地越发贫瘠。恩格斯曾对此发出警告:"我们不要过分陶醉于我们对自然界的胜利。对于每一次这样的胜利,自然界都报复了我们。"①

马克思主义自然观认为生态环境问题产生的根源在于大工业的生产方

---

① 《马克思恩格斯文集》(第九卷),人民出版社,2009 年,第 596 页。

式,因此只有变革生产方式才能化解人与自然之间的矛盾,才能走出现代生态困境。

首先,生态问题的解决要依靠技术的进步。正如恩格斯所指出的,马克思十分关注技术的进步与发展,特别是强调通过机器的改良和科技的进步,能够促进废物再利用。同时,科技的进步也意味着机器质量的提升,这也为解决问题提供了必要的手段。对此,马克思指出,通过机器质量的改进,可以使得机器零件加工更加精确,那么机油等辅助材料的使用就会更加节省,而机器和工具质量的改善,又会在很大程度上带来废料的减少。可见,技术与机器是解决生态问题的重要抓手,而技术与机器的发展也意味着生产方式的变革,正因为这一变革,才能带来新的社会生产方式,新的社会制度与新的生态环境。

其次,生态问题的解决是一个系统性工程。马克思从生产的整体性出发,提出"所谓的生产废料再转化为同一个产业部门或另一个产业的新的生产要素,就是这样一个过程,通过这个过程,这种所谓的排泄物就再回到生产从而消费(生产消费或个人消费)的循环中"[①]。这种循环意味着马克思所强调的生产的总体性,在再生产的这一总体中,生产、交换、分配、消费每一个环节的流通与循环都是使再生产过程不断具有活力与持续力的重要保障。而生态问题的解决不能仅靠一个环节,需要通过再生产的各个环节共同发力,也就意味着支持改善生态的生产方式变革需要具有全局性和系统性。

二、生态文明理念历史演变的理论与现实逻辑

生态理念是指导人们正确认识和处理人与自然、经济发展与生态环境

---

① 《资本论》(第三卷),人民出版社,2004年,第94页。

保护之间关系的观念、方法和理论,是自然观的具体化。生态理念形成于一定的经济社会发展条件,它又反过来指导人们选择符合经济社会发展水平、条件和需要的生态发展路径。通过这种作用机制,生态理念的演变与经济社会发展变迁之间形成螺旋上升的发展格局。换言之,在经济社会发展的不同阶段,生态理念是有所不同的。自新中国成立以来,我们的生态理念也经历了几个不同的发展阶段。

(一)从经济优先的粗放型发展观转变为微观局部层面的生态环保意识

新中国成立初期,我国为了摆脱落后的面貌而进行大规模工业开发。由于缺乏科学的生态理念作为理论指导,导致人们在对自然的开发利用时,过分追求以人为中心的征服和改造方式,没有考虑自然环境的承载能力。由此,这一阶段的生态理念可以概括为:用绿水青山去换金山银山。而这一理念的形成也具有一定的理论依据、现实依据和逻辑依据。

首先,我国在社会主义经济建设初期,主要以苏联模式为模板开展经济生产活动,因此在指导理论上受到斯大林思想的影响较大。苏联模式的特点是高度集中的计划经济体制,包括自然资源在内的各类经济资源都在中央政府计划下进行配置,这一体制在机械自然观的影响下,造成人们大规模任意开发利用自然及其资源。在对待人与自然关系的认识上,割裂地看待人与自然之间的关系,认为是毫不相干的两个对象,只看到人在改造自然过程中的主观能动性,没有意识到自然也有制约人类发展的一面。从历史发展的长河来看,当时人们只看到改造自然所带来的眼前利益,忽视了人类生产活动给自然造成的长期影响。

其次,新中国成立后百废待兴,在开展经济建设的实践过程中,实行了赶超型发展战略,制定的很多政策举措都是用绿水青山换金山银山,以资源环境的消耗来支持物质生产和经济建设，而在当时，资源环境问题并不突出。毛泽东提出："在这个时候……提出正确处理人民内部矛盾的问题，以团结全国各族人民进行一场新的战争——向自然开展，发展我们的经济，发展我们的文化。"①造成这一政策选择结果的另一个重要原因在于当时的技术水平低，经济增长更多依靠物质生产要素的投入，而非技术进步。技术条件决定的粗放型增长方式又进一步与高度集中的计划经济体制互为基础，进一步带来对生态环境保护的忽视。

最后，着眼于微观层面来设计应对方案往往成为我们在解决经济发展和生态保护之间矛盾的"习惯思维"。而事实上，应对这类矛盾，宏观层面的整体把握也是不可或缺的。我国在恢复联合国席位后于 1972 年参加了联合国第一次人类环境会议，紧接着 1973 年国务院召开第一次全国环境保护大会，提出"全面规划，合理布局，综合利用，化害为利，依靠群众，大家动手，保护环境，造福人民"的环保工作 32 字方针，并在 1978 年《宪法》中规定了保护资源环境的条款，从而形成了对环境保护的一定关注度，但在整体上是围绕生产发展而形成的初步认识，远未上升到宏观理念。

(二)从微观局部层面的生态环保意识发展为具有宏观全局视野的可持续发展理念

随着科技进步和社会发展的前进，在传统自然观影响下，生态环境问题日益严重。受国际社会生态理念和国内现实生态问题影响，人们逐渐意识到环境是人类生存发展之根本，环境问题会阻碍人类社会的向前发展，只有把握好人与自然之间关系的平衡，保护好自然生态环境，才能实现经济上的可持续发展。由此，这一阶段的生态理念在理论层面和实践层面发生转变，可

---

① 《建国以来毛泽东文稿》(第 6 册)，中央文献出版社，1992 年，第 329 页。

以概括为:既要金山银山,也要绿水青山。

在理论上,生态理念的转变源于我国在进行社会主义建设实践中,对国外生态治理有益经验的借鉴及先进生态思想的吸收,尤其是对马克思主义中关于人与自然关系思想的深入探索。国际社会上,"可持续发展"概念的首次使用是在 1980 年世界自然保护同盟制定的《世界自然保护大纲》中,"可持续发展"的内在含义在 1987 年世界环境与发展委员会(WCED)《我们共同给的未来》中得以明确,而 1992 年联合国环境与发展大会更是把理念推向了行动,将"可持续发展"纳入《环境与发展宣言》。在国内,众多的马克思主义经济学者,如许涤新(1983)、刘思华(1989)、程福祜(1993)、马传栋(1995)等,开始关注中国生态问题,重视生态文明理念的研究。他们从马克思主义理论中挖掘生态经济思想,深入研究中国经济社会的可持续发展问题,提出创建中国特色的生态思想和生态经济学的命题。

在实践上,经历了长期的粗放式经济发展之后,资源短缺问题和环境恶化问题均开始暴露和显现,成为遏制经济增长的重要因素。面对现实,在国家发展观之中贯彻落实可持续发展观成为决定国家命运的关键之举。一是将环境保护确立为基本国策,1983 年第二次全国环境保护大会宣布"保护环境是我国必须长期坚持的一项基本国策",并制定相应的法律制度;二是提出环境保护与经济计划发展的战略方针,坚决贯彻落实可持续发展观,从党的十三大到党的十七大,我们逐步深入地提出要协同推进经济发展和环境保护,并将实施可持续发展战略作为社会主义现代化建设的必要环节和重点内容;三是将资源节约和环境保护纳入国民经济和社会发展规划,从我国"六五计划"首次纳入环境保护内容开始,每次的五年计划都提出环境保护的工作目标和定量指标。

(三)从具有宏观全局视野的可持续发展观上升为科学系统成熟的绿色发展理念

当工业化进程步入一个新阶段,新科技革命和新产业革命蓄势待发,人们对自然的认识逐渐深入,自然价值也日益凸显。伴随对自然价值认识的深入,人与自然是"命运共同体"的理念也逐步被认识、认可和推广,并上升为国家发展观的核心内容之一。在这一阶段,"绿水青山就是金山银山"深入人心。绿水青山不再只是人们眼中的美景和"靠山吃山、靠水吃水"的生存来源,而是成为幸福美好生活的一部分。这种人与自然的美好"共生"关系,也进一步强化了人们尊重自然、顺应自然和保护自然的意识。

随着经济社会的发展以及生态经济优势的显现,自然的价值被逐渐挖掘。传统的经济增长要素理论已逐渐难以解释生态经济优势,也逐渐难以适应生态经济发展的需要。事实上,生态经济优势的显现已愈加让人们认识到,保护自然就是增值自然资本。这一认识蕴含了保护自然就是发展生产力的理论逻辑。关于这一问题,马克思在《资本论》中有过前瞻性的思考。他指出,劳动生产率同自然条件紧密联系,劳动生产率的提高得益于自然条件的改善。生态环境不仅是生产物资的"供应者",也是生产活动的"净化者",保护生态环境就是在为生产力的发展提供更好的物资品质和环境品质。从这一意义出发,传统经济发展思路当中把经济发展与生态环境保护对立看待的观点就应予以革新。人的发展与自然的发展之间,生态环境保护与经济发展之间,并非对立关系,而是互促互进的。因此,按照自然生态发展规律,将生态环境纳入生产力要素具有重大意义。

这一理念正是党的十八大以来所提出并实践着的绿色发展理念,是习近平生态文明思想的重要组成部分。党的十八大以来,一方面,随着经济发展进入新常态,要素资源驱动经济发展的动力在逐渐减弱,原来粗放型和要素驱动型的经济发展模式难以为继；另一方面，社会主要矛盾的转化，人民对美好生活的需要渐次延伸和提升，优美生态环境成为新需要，这对生态文明建设提出了更高的要求。在这一背景下，提高生态文明在国家制度建设和战略布局中的地位就至关重要。为此，党的十八大中首次把生态文明纳入"五位一体"总体布局，党的十八届五中全会中提出绿色发展新理念，这是对发展观的理论变革，是对新时代自然观的凝练，还展现了对世界经济发展方向的正确把握。党的十九大进一步提出人与自然是生命共同体，同时从理念到方法，从理论到制度对其进行了全方位系统化的设计和安排。党的十九届四中全会对生态文明制度体系进行了全方位的布局，这是新生态文明理念落地生根的关键环节。绿色发展理念系统而全面地涵盖了和谐、可持续发展的精髓要义，我国坚持和实施这一理念，不仅与当今时代科技革命和产业革命的变革方向相符，同时是我国应对生态环境问题，满足人民对美好生活及优美环境需要的根本要求。

三、生态文明新理念是对马克思主义自然观的发展

党的十八大以来，我国在开展新时代生态文明建设的具体实践中，以马克思关于人与自然关系的思想作为指导，将理论与实践紧密结合，产生了一系列生态文明建设新理念新思想新战略，推动了马克思主义自然观的发展，形成了习近平生态文明思想。2018年习近平总书记在第八次全国生态环境保护大会上深刻阐述了推进新时代生态文明建设必须遵循的"六大原则"，即坚持人与自然和谐共生，绿水青山就是金山银山，良好生态环境是最普惠的民生福祉，山水林田湖草是生命共同体，用最严格制度最严密法治保护生态环境，共谋全球生态文明建设。这"六大原则"既是对习近平生态文明思想的高度概括，更是对马克思主义自然观的发展和创新。

习近平指出："人与自然是生命共同体。生态环境没有替代品,用之不觉,失之难存。""山水林田湖草是生命共同体。……这个共同体是人类生存发展的物质基础。"①"生命共同体"理念反映了党在新时代对人与自然关系和生态文明观的基本看法。这一理念将人与自然,自然与自然之间关系看作生命共同体,这是马克思主义自然观在当代社会的最新诠释。首先,"生命共同体"理念从生命维度揭示了人与自然相互依存的关系。人从自然界中获取物质资料,自然界作为人的无机身体,破坏自然就是损害人自身,保护自然才能维持人类社会的继续发展,人与自然休戚与共,既相互联系,又相互影响。其次,"生命共同体"理念从价值维度揭示了人与自然利益的互补关系。生命共同体也是利益共同体,人类生命与所有非人类生命之间存在紧密的物质交换和循环关系,其生存和发展利益相互依存,构成一个整体。任何生命体的利益破坏,都会影响到人类自身,生命共同体理念完整地诠释了人与自然共生共存的关系。

"生命共同体"理念将生态文明建设维度从单一的人与自然的关系,拓展为包括自然与自然、人与自然、人与社会、人与世界等多个维度的关系网。这一理念不仅是马克思主义自然观的新发展,也意味着生态文明观进入了新境界。

第一,"生命共同体"是人与自然的共同体。以前的生态文明理念尽管强调了生态环境保护是经济社会发展的重要组成部分,但忽视了自然的保护本质上是保护人自身,生态投资本质上是投资人自身的内在逻辑。人与自然是生命共同体,也即人与自然是唇齿相依的统一体,保护自然、投资生态不仅是为经济社会可持续发展创造未来可行条件,更是为人自身的生存与发展创造条件。因此"人类必须尊重自然、顺应自然、保护自然","像对待生命

---

① 习近平:《推动我国生态文明建设迈上新台阶》,《求是》,2019 年第 3 期。

一样对待生态环境"。

第二,"生命共同体"是自然与自然的共同体。习近平在阐释山水林田湖草是生命共同体时指出:"人的命脉在田,田的命脉在水,水的命脉在山,山的命脉在土,土的命脉在林和草。"[1]不仅限于人与自然,自然界非人类生命之间也存在共生共存的关系,这正是系统自然观的要义所在。

第三,"生命共同体"是人与社会的共同体。马克思指出:"人的本质并不是单个人所固有的抽象物,在其现实性上,它是一切社会关系的总和。"人在社会关系中才能称其为人,自然作为人类赖以生存的环境,本身也是人之所以存在的前提。

第四,"生命共同体"是人与世界的共同体。党的十九大报告从全球视角阐述绿色发展,将"构筑尊崇自然、绿色发展的生态体系"作为人类命运共同体的重要内涵与目标之一,这就将人的绿色命运从个人、社会、国家的层面进一步扩展为世界层面,将人与世界结为绿色命运的共同体关系。

---

①　习近平:《推动我国生态文明建设迈上新台阶》,《求是》,2019 年第 3 期。

第三章　生态与经济协调发展的价值量化基础

　　价值理论问题是经济学研究的基础与核心问题，也是经济学研究现实问题的基础与前提。绿色发展是经济实现高质量发展的基本要求和目标，而绿色发展不能仅仅建立在理念层面，需要深入生态与经济协调发展的具体层面。研究生态与经济协调发展问题也离不开价值理论，特别是对于生态因素，学术界仍然缺乏达成共识的生态价值理论，而关键又是对生态价值的量化分析较为困难。正如前文所述，西方经济学难以给这一问题提供有效理论，马克思主义经济学也需要在劳动价值论的基础上，构建生态价值理论，由此为生态与经济协调发展问题的研究奠定价值量化分析基础。

第一节　生态环境价值的相关研究

　　由于生态环境价值对于将生态因素纳入经济系统中分析的重要性，理论界对这一问题进行了大量的相关性研究，目前主要集中在对自然资源的价值、生态价值的核算和绿色 GDP 核算问题、污染物"负价值"问题以及环境与物质循环关系问题的相关研究上。

一、关于生态环境价值内涵的研究

生态环境不像一件商品，它是一个不断运动变化的庞杂的大系统，劳动不仅在其中凝结、聚集地抽象形成价值，而且价值还可能在其中流转和传递。现代学者对生态环境价值认识有以下几个方面：一是生态环境价值的直观表现是劳动使它在数量、质量、组成等方面发生的变化。如劳动使野生动物种群结构发生变化，甚至导致物种灭绝，使大气、水体和土壤受到污染，使森林破坏、草场退化等。商品的价值是劳动在微观人工化的自然物中的抽象，生态环境的价值是劳动在宏观的人工化自然物中的抽象。劳动的微观抽象形成的价值是正的，宏观抽象形成的价值在很多情况下是负的。二是劳动使生态环境的质量发生变化以后，使生态环境中物质关系发生的变化，即生态功能发生的变化。如狩猎和农药使益兽、益鸟的种群结构发生变化以后，降低了它们制约害兽、害虫的功能。过度放牧和开垦降低了草原的质量，削弱了它们固着土壤、防止风沙和水土流失的功能。砍伐使森林受到破坏，则影响了它们调节气候、涵养水源、防止自然灾害功能的发挥。总之，生态环境价值实质上体现了劳动在生态环境中的流转，不过流转的对象是生态环境中的物。在人类社会，交换是双方自愿的，但是劳动在生态环境的流转则是必然的、被迫的。①

对于人工生态环境价值问题，马传栋（1995）指出：当今自然资源和生态

① 参见张发民等：《关于生态环境的价值》，《生态经济》，1992 年第 4 期。

环境,已不是马克思所说的那种不经投入劳动就能自然成为使用价值的"无价值之物"了。由于这类使用价值(即自然资源和生态环境)是有了劳动后才产生的,按照马克思关于价值"只是无差别的人类劳动的单纯凝结,即不管以哪种形式进行的人类劳动力耗费的单纯凝结"的理论,它应该具有价值。而人工生态环境就是一种满足群体需求或社会公共需要的商品。虽然这种商品不像一般商品那样必须通过市场进行有形的、可见的交换,但这种使用价值却通过满足一定范围人在生态环境上的公共需求,而使该使用价值的非生产者享用了生态环境的使用价值。①

二、关于自然资源价值决定的研究

从古典经济学家亚当·斯密到大卫·李嘉图,再到马克思,均认为自然资源是无价品,且取之不尽用之不竭。他们所遵循的是劳动价值论决定下的自然资源价值为零。从 20 世纪 80 年代以来,国内逐步开展对自然资源的价值和价格问题的研究。由于对自然资源价值来源尚不明确,加之理论出发点不同,由此而建立起的资源价值模型存在很大差异。对自然资源是否具有价值的问题,目前理论界虽然还存在不同看法,但从发展趋势来看,是朝着承认自然资源具有价值的方向发展的。至于自然资源为什么会有价值以及这种价值怎样决定和计量等问题,仍然是仁者见仁,智者见智。现就以下三个方面进行综述。

(一)关于自然资源价值决定

在理论上比较有代表性的资源价值理论多达十多种,如有双重价值论、

---

① 参见马传栋:《论市场经济条件下自然资源和生态环境的价值及其实现问题》,《生态经济》,1995 年第 1 期。

有限资源价值论、价格决定价值论、使用价值决定论、劳动价值泛化论、天然资源无价值和已开采资源有价值论、三元价值论、服务价值论、主观价值论、均衡价值论、价值无用论和稀缺价格论等。现有成果主要有李金昌(1991)的双重价值论、胡昌暖(1992)的资源租金论、王彦(1992)的有限资源价值论、吴军晖(1993)的价格决定价值论、蒲志仲(1993)的使用价值决定论及黄金贤(1994)的二元价值论等[①]。除此之外,国内颇有些影响的经济学家们从罗尔斯顿的自然价值论中引申出资源稀缺价值论、供求结合价值论和更高层次的天人合一价值论等等。

近年来的成果有陈征[②](2005)提出的自然资源可分为未经人类劳动加工开采的原生自然资源和经过人类劳动加工于原生自然资源基础上而形成的自然经济资源。原生自然资源有价格、无价值;自然经济资源的价值具有二重性,一方面有价格而无价值,另一方面有价值又表现为价格。马艳(2008)[③]提出的自然资源虽然没有劳动价值意义上的价值含义,但却有虚拟价值含义。张忠任(2008)[④]提出的原生自然资源的价值为零,遭到破坏的环境具有负的价值。另外关于土地的价格决定问题,他认为土地不是人类的劳动产品因而不具有价值,但是土地是作为准资本品的使用价值(能吸收人的劳动,并且能产生剩余价值),在市场上成为交易对象,所以具有价格。刘静暖(2010)认为自然力没有劳动价值也不创造劳动价值。[⑤]

---

① 参见何承耕:《自然资源和环境价值理论研究述评》,《福建地理》,2001 年第 4 期。

② 参见陈征:《自然资源价值论》,《经济评论》,2005 年第 1 期。

③ 参见马艳:《自然资源虚拟价值的现代释义——基于马克思经济学视角》,《海派经济学》,2008 年第 21 辑。

④ 参见张忠任:《关于环境的价值与资源价格决定问题的理论探索》,《海派经济学》,2008 年第 21 辑。

⑤ 参见刘静暖:《自然力经济学》,经济科学出版社,2010 年,第 163~164 页。

(二)关于自然资源的价值构成及表现形式

随着人类对自然界了解的深入,李霞、崔斌(2006)等学者认为自然资源存在价值,其价值包含经济价值、社会价值、生态价值。自然资源经济价值是指资源作为物质的供应者和人类活动的承载者,在促进人类社会繁荣方面所具有的价值,是自然资源价值构成在经济上的具体体现和价值转换。社会价值包括审美价值和科学价值。生态价值是指各种自然资源都是作为自然生态系统的要素而存在的,在生态系统中对生态平衡都具有不可替代的功能要件所具有的价值。通常,自然资源的这部分价值被称为"现实价值";社会价值和生态价值合称为自然资源的"潜在价值"。[①]

他们认为,自然资源的价值有三种表现形式:一是可直接作为商品在市场上进行交换,体现的是直接的经济价值,例如森林提供的木材和各种林副产品及其合成品。二是虽不能直接在市场上进行交换,却具有间接价值。例如森林所提供的防护、减灾、净化、涵养水源等生态价值;再如水域生态系统在提供鱼产品的同时,还具有调节气候、排涝抗旱、水路运输、水力发电甚至提供水域游乐等多种用途。三是那部分能满足人类精神文化和道德需求的资源价值,体现的是文化价值,例如自然景观、珍稀物种、其他自然遗产等。

(三)关于自然资源的价值实现

安晓明(2004)认为,从形式上来说,价值是交换价值,是否可以交换是一种事物是否具有价值的一个重要条件。只有有了交换价值,才能够实现价值的内容和形式的统一。从交换的对象来看,必须符合以下条件:一是具有稀缺性。如果没有稀缺性,资源随处免费可得,也就没有交换的必要性。二是

---

① 参见李霞、崔斌:《关于自然资源价值的思考》,《中国矿业》,2006 年第 08 期。

具有可交换的物理特性。一定的物理特性也是能否交换的条件。如果一种资源的使用价值无法让渡给购买者,其价值只能是空中楼阁。三是交换价值是可以衡量的并具有适当的体现方式。要进行交换,必须保证交换的公平性。否则,交换无法继续进行下去。确定一个合适的交换比例是交换价值的核心内容。从目前情况来看,自然资源已经具备了以上三个条件,因而其价值不仅可以实现,而且我们还可以用分析商品价值的方法来分析自然资源的价值。[1]

他指出,实现自然资源价值有两种形式:一是通过产权交易运作,使自然资源资产化,将自然资源的经营权由政府手中转移给企业、个体等微观经营主体,实现两权分离,由经营者最终通过开发和利用自然资源获得收益来实现自然资源价值。二是对于不能转移经营权、难以实现自然资源资产化的自然资源,政府可以通过各种形式的费用、税收间接实现自然资源的价值,如通过收取排污费、特许经营、特种税等方式来实现环境资源价值。

刘静暖(2010)认为自然力构成了财富的自然基质和劳动的必备条件。第一,自然力是劳动的吸收器,使劳动成为现实劳动;第二,自然力使劳动成为有用劳动;第三,自然力的天然成本需要货币估价和人为补偿。因此,她提出了对自然力价值进行比照估价。[2]具体如下:第一,比照所替代的劳动对自然力估价;第二,比照人造自然对自然力估价;第三,比照负价值对自然力估价;第四,比照地租对自然力估价。

---

[1] 参见安晓明:《自然资源价值及其补偿研究》,吉林大学博士论文,2004年,第60页。

[2] 自然力的比照估价就是通过与参照物相比照的方式,估算出来的自然力天然成本价格数值。参见刘静暖:《自然力经济学》,经济科学出版社,2010年,第173页。

三、生态环境价值及核算的研究

生态环境不像一件商品,它是一个不断运动变化的庞杂的大系统,劳动不仅在其中凝结、聚集地抽象形成价值,而且价值还可能在其中流转和传递。度量生态系统的价值主要有:一是用为恢复生态环境质量而花费的劳动时间来衡量。劳动在生态环境中产生的价值在数值上等于恢复原来质量所要花费的劳动的加总。二是用治理费用来衡量。在工业生产中,为了使其排放的"三废"在生态环境中不形成价值,那么就需要把"三废"治理到排入生态环境以后,不引起生态环境质量、功能发生变化的程度。治理"三废"的费用就是投入生产的劳动可能在生态环境产生的价值。这种度量尺度是货币。三是与商品和劳务直接相关的评估方法如:市场价值法/生产率法、机会成本法、人力资本法/工资损失法、租金或预期收益资本化法等;替代市场法-土地价值法如替代市场价值法、旅行费用法等;费用分析法;试验评价法/调查评价法/意愿评估法。①

现代经济学者普遍认为:人们对生态环境认识、重视的程度和为之支付的意愿,是随其生活水平的提高而不断发展的。因此,生态环境价值是一个发展的、动态的概念,与经济社会的发展水平和人民生活水平的提高相适应,随着绿色 GDP 核算的提出,②生态价值逐渐显现并得以增加,表现为从发生、发展到成熟的过程特征。显然,处在较低发展阶段的人们不可能对生态价值有充分的认识,但在解决了温饱问题达到小康之后,人们对环境舒适性

---

① 参见郭明等:《生态环境价值评估方法综述》,《山东师范大学学报》(自然科学版),2003 年第 3 期。

② 生态环境保护是一种生产性劳动,因而也创造价值。因此可将各类型的生态破坏损失从国民生产净值中扣除,即绿色 GDP。

服务的需要即对生态价值的重视程度就会急剧提高,而后继续发展,到极富阶段趋于饱和。然而生态价值的鉴别、量化比较困难。目前还没有关于生态价值的成熟的定价方法,国际上主要采用一些替代法来计算生态价值。因其所得结果数额太大,往往难以为人们接受,更不便于应用。①国内根据不同情况采取不同计算方法,代表性的有以下几种:对环境污染造成的生产损失、固定资产损失,通常用市场价值法;对环境污染造成的健康损失通常用人力资本法,它是通过市场价格和工资多少来确定个人对社会的潜在贡献,并以此来估算生态环境变化对人体健康影响的损益。

马传栋(1995)就人工生态环境价值的质和量的规定性指出:人工生态环境是有了劳动后才产生的,按照马克思关于价值"只是无差别的人类劳动的单纯凝结, 即不管以哪种形式进行的人类劳动力耗费的单纯凝结"的理论,它应该具有价值。人工生态环境的使用价值不能像自然资源商品那样能形成频繁的商品交换关系,从而使价值量由社会平均的必要劳动时间决定,这就使生态环境价值的量的规定具有了同自然资源价值的量的规定不同的内涵。由于创造生态环境使用价值的劳动缺乏在全社会的平均化机制,这就使生态环境价值量只能由产生该使用价值的个别价值(即个别劳动时间)来决定。②

刘思华(1997 年)提出"生态资本"概念,确立了社会总资本由物质资本、

---

① 以 Robert Costanza 为首的 12 名全球知名的生态经济学家,在前人已有工作的基础上,将自然生态系统为人类所提供的服务归纳为大气平衡、气候调节、食物生产、土壤形成、生物控制、原材料等 17 个大类,对整个生物圈的服务价值作了初次评估,并将研究成果发表在 1997 年 5 月的《自然》杂志上。这些科学家率先对全球生物圈的服务价值给出了一个保守的估计:对于整个生物圈来说,生态系统提供的服务价值每年在 16~54 万亿美元之间, 平均为 33 万亿美元, 相当于当年全世界 GDP 约 28 万亿美元的 118 倍。

② 参见马传栋:《论市场经济条件下自然资源和生态环境的价值及其实现问题》,《生态经济》,1995 年第 1 期。

人力资本和生态资本构成的可持续发展资本理论模式，首倡生态与经济协调发展和生态环境内因论，[1]主张社会生态经济人、生态生产力和协同构建除物质文明、政治文明、精神文明之外的第四大文明，即生态文明。[2]

近年来，很多学者将联合生产模型纳入分析资源环境价值的研究当中。如 Sergio Parrinello(2001)运用斯拉法的联合生产模型研究不可再生能源的定价问题；Christian Bidard and Guido Erreygers(2001)通过扩展后斯拉法模型，构建动态价格变动模型，研究了不可再生资源约束下的经济增长路径。

四、环境与物质循环关系的研究

对于环境与物质循环关系的研究方面，国内有些学者将马克思的再生产理论运用其中，构建基于再生产理论的环境与物质循环关系。这方面的学者有朱殊洋(2005)和王奇、叶文虎(2003)等。朱殊洋(2005)从马克思再生产理论出发，导出了两部门循环经济模型。[3]另外朱殊洋(2005)在马克思再生产理论基础上把自然资源作为外生参数独立出来，从而建立起以自然资源为参数的再生产模型。[4]但是朱殊洋研究的仅是马克思再生产理论的局部应用，并没有把环境价值引入再生产理论中。王奇、叶文虎(2003)提出了两大部类生产理论存在潜在假定之一是人类的经济活动没有超过资源与环境的承载能力；并且在分析传统两大部类生产与自然环境之间关系的基础上，增加了生产环境资源的第 0 部类，从而构建了面向可持续发展的三大部类生

---

[1] 生态环境内因论即自然生态环境作为物质财富的源泉，是人类生产实践活动的内在要素。

[2] 参见刘思华：《可持续发展经济学》，北京人民出版社，1997 年。

[3] 参见朱殊洋：《马克思再生产理论与循环经济系统》，《探求》，2005 年第 4 期。

[4] 参见朱殊洋：《资源约束下的马克思扩大再生产模型的稳定性分析》，《岭南学刊》，2005 年第 2 期。

产理论及三大部类简单再生产的实现条件。但是,王奇是在对社会总资本①重新划分的基础上提出的三部类再生产的实现条件及其不同生产条件下的三大部类的生产状况。②

此外,关于环境与物质的循环模式,历来就有许多研究生态经济学和循环经济的学者进行过大量的研究。目前主要有以下几种模式:

(一)简单循环经济模式

如图 3.1 所示:

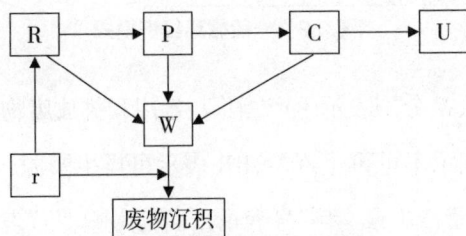

图 3.1　简单循环经济模式

其中,R、P、C、U 分别表示自然资源、生产、消费和效用,W 表示废物,r表示回收。在这种关系模式中,强调了通过对生产和消费过程中排出的废物进行回收再利用,重新转化为资源,被生产过程利用。

(二)一般的循环经济模式

简单的循环经济模式忽视了很多因素,如自然资源的开发的影响,自然的自我净化能力,废物沉积对生产和消费的影响等。对此,Pearce and Turner (1990)构建了更加一般的循环经济的一般模式:

---

① 他把社会总资本分为环境资本(n)、人造资本(k)与人力资本(v)三部分。
② 参见王奇、叶文虎:《从可持续发展看两大部类生产理论丰富和发展》,《中国人口、资源与环境》,2003 年第 1 期。

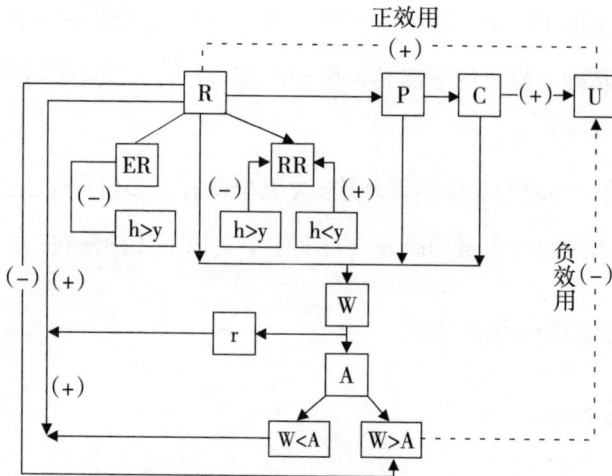

图 3.2　一般循环经济模式

其中,P、C、U、W 分别表示生产、消费、效用和排放废物,R 表示自然资源,r 表示回收,ER 表示不可再生资源,RR 表示可再生资源,A 表示吸收能力,h 表示获取量,y 表示产出量。"+"号表示正面的影响,"–"表示负面的影响。实线表示物质或能量流,虚线表示效用流。一般循环经济模式将自然资源分为可再生资源和不可再生资源, 并且表示出了资源的开采程度对投入生产过程中的自然资源的影响。

(三)资源、环境与经济复合系统模式

有的学者将物质生产部门和环境生产部门的关系置于整个大的生态系统中进行考察,将整个地球生态系统划分为经济系统和自然环境系统,从而形成了资源、环境与经济复合系统模式。[①]如图 3.3 所示:

---

① 该模式请参阅汪安佑等编著:《资源环境经济学》,地质出版社,2005 年,第 28~29 页。

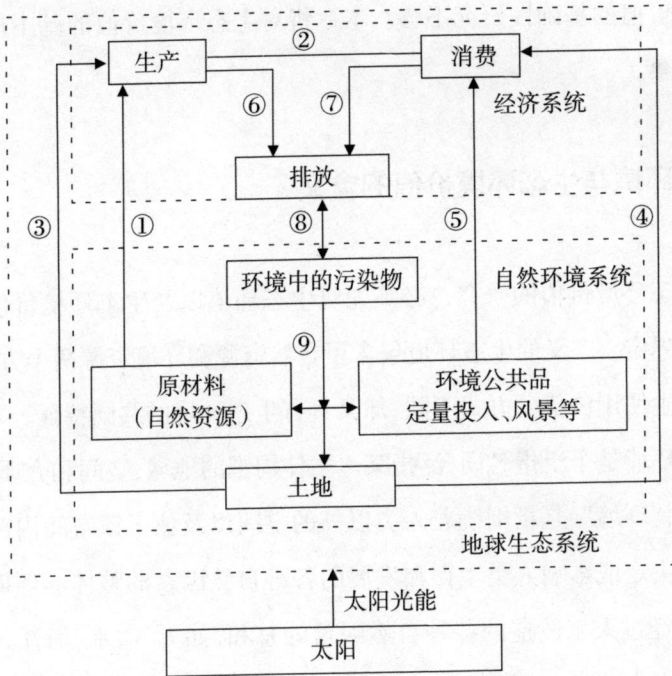

图 3.3　资源、环境与经济复合系统模式

其中,经济系统中包括了生产、消费和排放活动,自然环境系统通过给生产过程提供原材料(自然资源)、吸收环境中的污染物,向消费过程提供环境公共品等。经济系统与自然环境系统内部各要素又发生相互联系,整体又构成地球生态系统,并通过太阳获得太阳光能,由此形成复合系统模式。

第二节　生态环境价值的含义及构成

近年来,随着生态环境问题的日益严重,资源环境对经济发展和社会稳定产生了较大的制约作用。因此,再也不能脱离环境因素而单独对经济进行研究。但是正如前文所分析的,目前对生态经济的研究最为重要的障碍是对生态环境价值的基础性研究不够。本章将对生态环境价值的基本概念和分类进行考察。

一、生态环境与生态环境价值的含义

对生态环境价值的研究，必须先对生态环境以及生态环境价值的概念进行基本界定。广义的生态环境包含了自然资源和环境资源两个方面，两者对人类产生使用价值的方式不同，却又具有生态环境的共同特征。

生态环境是个泛指名词，泛指某一主体周围的地域、空间和介质。[①]在环境科学中，"环境"是指围绕着人类以外的空间以及位于该空间内部的直接或间接地决定或影响人类生存和发展的各种自然因素的整体。环境包括了天然的和经过人工改造的各种自然因素的总和，如大气、水、海洋、土地、森林、矿产、野生动物、人文遗迹、风景名胜区、公园等等。而提到环境一词，通常会与资源环境联系起来。一般讲的资源主要是指自然资源，包括森林、矿产、鱼群、土地等等，但是更为广义的资源还包括了经济资源、社会资源、技术资源等。可见，狭义角度的资源是生态环境的组成部分，两者是包含与被包含的关系。

但是正如狭义的资源是指自然资源一样，狭义的生态环境主要是指除了自然资源之外的环境资源。自然资源与环境资源两者的主要区别在于，自然资源对人类具有直接的使用价值，即能够作为人类生产所需的原材料，用以生产各种经济商品；而环境资源是指给人类带来的收益并不像自然资源一样可获取直接使用价值，而只能通过间接使用价值获取收益，或者获取的是无形生态价值，体现为生态平衡、环境质量、自然景观等。从这个意义上

---

① 参见于连生：《自然资源价值论及其应用》，化学工业出版社，2004年，第1页。

看,自然资源更为直接地体现为经济价值或经济收益,而环境资源的经济价值或收益却是间接的,有时甚至是无形的,而且是通过对整个社会的影响体现出来的。

尽管我们把生态环境区分为自然资源和环境资源两个部分，但是两者不可能完全区分开。随着人类生产生活范围的扩大,生态环境问题日益成为经济活动的重要约束条件，自然资源和环境资源对于人类的重要性方面已经全然没有区别。

目前,对于生态环境价值的来源、构成等方面的认识,没有完全统一,各种观点之间存在着很大的分歧;对环境问题的成因及解决方法的探讨可以有不同的研究视角,但核心是确立和完善生态环境价值理论。传统经济理论或者认为劳动没有参与自然资源形成过程,因此天然的资源环境没有价值,或者认为不能进行市场交易,资源环境也没有价值,总之,都认为天然的环境没有价值。正是基于这种观念和理论,导致人类在生产和生活中,把生态环境当成垃圾桶,任意地投掷生产和生活废弃物,同时肆意消耗、任意消费甚至掠夺性地开采使用资源，由此造成了当今世界普遍存在的环境污染和生态破坏,使得人们不得不重新审视生态环境价值。

由于生态环境能够给人类带来经济利益,生态环境就应该具有一定的经济价值。但是正如前文所述,生态环境价值与一般商品价值的不同在于,生态环境价值具有稀缺性、外部性和自然性的特征。稀缺性使得生态环境价值的量并不能从直接的生产过程中来决定,因为生态环境产品不能靠人类以再生产的方式生产出来;外部性使得环境价值的量也不可能通过市场供求关系而获得,因为外部性条件下市场价格决定机制失灵;自然性使得生态环境价值的存在并不是人类劳动生产的结果,而具有虚拟性,因此,生态环境价值又以生态环境虚拟价值进行表述。

既然生态环境(包括自然资源和环境资源)对人类生产和生活都具有一

定的经济收益,那么这种经济价值,即环境价值可以被定义为其提供的所有服务的收益的贴现。[1]但是现实困难在于对环境给人类提供的服务的收益很难计算,且相对于自然资源,环境资源的收益是间接的,核算收益更加不可能。因此,我们针对不同的生态环境运用不同的价值量化方式。

二、环境虚拟价值的构成要素

作为环境的两个组成部分, 自然资源和环境资源所体现的环境虚拟价值通常并不能分离。如一亩湿地作为一块土地可以在市场上进行交换,因此其收益可以通过商业开发和房屋开发的价值体现出来, 这是体现自然资源虚拟价值的情况;但是实际上,一亩湿地作为环境资源所体现的价值就不能仅仅用直接的经济利益衡量,因为作为环境资源,一亩湿地可以为野生生物的栖息提供场地获得的生物多样性,以及控制洪水和调节地下水,这些都体现为环境资源的虚拟价值。由此可见,作为环境整体,所包含的环境虚拟价值的构成具有多种成分。

按照英国经济学家皮尔斯(Pearce)和沃福德(Warford)于 1993 年提出的五分型法,环境价值分别为:直接使用价值(DUV)、间接使用价值(IUV)、选择价值(OV)、遗传价值(BV)和存在价值(EV)五部分。如表 3.1 所示:

---

① 参见[美]迈里克·弗里曼:《环境与资源价值评估——理论与方法》,曾贤刚译,中国人民大学出版社,2002 年,第 5 页。

表 3.1 环境价值的五分型构成

环境总价值 （IEV）	使用价值 （UV）	直接使用价值 （DUV）	可直接消耗的量	食物 生物量 娱乐 健康
		间接使用价值 （IUV）	功能效益	生态功能 生物控制 风暴防护
		选择价值 （OV）	将来的直接和 间接使用价值	生物多样性 保护生存栖息地
	非使用价值 （NUV）	遗传价值 （BV）	为后代遗留下 来的使用价值 和非使用价值 的价值	生存栖息地 不可逆改变
		存在价值 （EV）	继续存在的 知识价值	生存栖息地 濒危物种

资料来源：戴维·皮尔斯、杰瑞米·沃福德：《世界无末日——经济学·环境与可持续发展》，张世秋等译，中国财政经济出版社，1997年，第116~120页。

此外，根据美国经济学家克鲁梯拉（John Krutilla）于1967年提出的二分型法，将环境资源分为商品性资源和舒适性资源。商品性资源是指比较实的有形的物质性商品价值，舒适性资源是指比较虚的无形的舒适性的服务价值（李金昌，1999），如表3.2所示：

表 3.2 环境价值的二分型构成

环境价值	比较实的物质性 的商品价值	有形的资源价值	简称资源价值
	比较虚的舒适性 的服务价值	无形的生态价值	简称生态价值

资料来源：李金昌等：《生态价值论》，重庆大学出版社，1999年，第31页。

根据上文的阐述，我们把生态环境价值分为自然资源价值和环境资源价值。该分法既不同于五分型法，也不同于二分型法，但是又与这两种分法有相通之处。从范围和内容来看，自然资源价值更接近于五分型法中的直接使用价值，二分型法中的资源价值；环境资源价值更接近于五分型法中除了直接使用价值的其他几项,二分型法中的生态价值。但是在我们看来,生态环境价值与五分型法中被归结为使用价值即效用是不同的,生态环境价值体现的是经济关系,而非物质实体,物质或者使用价值只是生态环境价值赖以存在的载体;同时生态环境价值又不同于二分型法中仅考虑物质形态,而不考虑物质服务方式的分类,这里的分类是与直接或间接的服务方式相关的。自然资源价值是通过直接给人类带来经济利益体现的,而环境资源的价值是通过给人类带来间接利益体现的。

三、自然资源价值的形成与决定机制

既然生态环境价值存在自然资源价值与环境资源价值之分,两者的计量方式也是不同的。尽管对生态环境价值的定义都是对环境所提供的所有服务的收益的贴现,但是正如前文所分析的,由于环境资源给人类带来的收益还不能直接通过市场和预测精确地衡量出来,因此对于环境资源的价值的量化及其相关问题我们将在后面分析。这里仅针对自然资源的价值形成基础和决定机制进行分析。

现代社会自然资源越来越商品化了,不仅包括自然力作用的产物,诸如处女地、原始森林、矿藏等被商品化了,而自然界本身的力量,诸如风力,水力,电力,原子力等也在商品化。

自然资源的价值源自自然资源能够给持有者带来一定的收益,因此,一般用资源收益的资本化来度量其虚拟价值量的大小。自然资源的收益往往以租的形式出现,以土地为例,地租就是土地所体现的收益。由于土地是自然资源的典型代表,下面我们就以土地为例,探讨土地虚拟价值的量化模型。

地租作为土地的收益,根据不同的形成途径,由级差地租和绝对地租两个部分构成,当然对一些特殊稀缺和优越的土地还具有垄断地租。

(一)级差地租量的决定

由于不同的土地具有不同的生产力水平，这就决定了优等的土地总是能够带来超额的收益，这部分超额收益就是级差地租。很显然，级差地租具有级差性，即不同土地产生的地租不等。

假定整个社会是一个完全竞争的社会，因此经营土地产品(由自然资源所带来的经济商品，这里称为土地产品)将获得平均利润率$\bar{r}$。又假定每块土地投入的资本量均为k，共n块土地，土地产品产量为q_i，且q_1为最差等级土地的土地产品产量。根据马克思的级差地租理论，土地产品的个别生产价格总额为$n(k+k\bar{r})$，社会生产价格总额为$(k+k\bar{r})\cdot\Sigma q_i/q_1$，由于$q_i>q_1(i\neq1)$，所以$(k+k\bar{r})\cdot\Sigma q_i/q_1>n(k+k\bar{r})$，即社会生产价格总额大于个别生产价格总额，为此，级差地租可以表示为：

$$R_d=(k+k\bar{r})\cdot\Sigma_{i=1}^n\frac{(q_i-q_1)}{q_1} \tag{3.1}$$

(二)绝对地租量的决定

绝对地租是任何土地都必须缴纳的地租，与级差地租相比，绝对地租具有均等性，即等量土地所产生的绝对地租量总是相等的。由于土地的稀缺性，土地产品也存在稀缺性，那么土地产品在市场上形成的价格往往是以垄断价格的形式存在，这是产生绝对地租的根本原因。在以上假定条件下，土地产品的市场垄断价格为p^*_1，则绝对地租可以表示为：

$$R_a=n\cdot q_1\left(p^*-\frac{k+k\bar{r}}{q_1}\right) \tag{3.2}$$

当时有了绝对地租之后，土地产品的出售价格将高于其生产价格，因此"水涨船高"，级差地租也会相应增加(这里不做讨论)。最终的地租归根结底

等于经营土地所获得的超额利润,即土地产品总收益与生产价格总和之差。因此,地租总和可以表示为:

$$R=\sum_{i=1}^{n}\left[p^*q_i-\left(\frac{k+k\bar{r}}{q_1}\right)q_i\right] \tag{3.3}$$

(三)土地资源的价值

有了土地资源的地租收益后,土地资源的价值可以看作土地收益即地租的资本化。正如前文所指出的,可以表示为:

$$W_n=\frac{R_1}{1+r}+\frac{R_2}{(1+r)^2}+\cdots \tag{3.4}$$

其中,R_i 表示每年获得的地租收益,r 表示贴现率。若每年地租收益均为不变的量,则土地资源的价值可以进一步表示为:$W_n=\dfrac{R}{r}$。

自然资源的使用价值(或经济效用)不言而喻,而且随着人类生产力水平的提高,自然资源的使用价值会逐渐被发掘和扩大。但根据马克思的价值理论,有使用价值的物品不一定具有价值,价值是抽象劳动的凝结。显然,自然资源的价值并非源自劳动,这里沿用马克思的地租和土地价格理论,将自然资源的价值定义为虚拟价值(马艳,2008)。自然资源的价值源自自然资源能够给持有者带来一定的收益,一般用资源收益的资本化来度量其价值量的大小。[1]根据地租和土地价格理论,租金的计算可以从资源产品[2]的收益总和扣除经营者所耗费的成本和应该获取的平均利润后的剩余得到。简单地

---

① 正如土地地租产生的技术原因在于土地资源的稀缺性,土地产品便可以高于其生产价格甚至高于价值的垄断价格出售,由此获得的垄断利润将转化为地租,一般的自然资源也由于其稀缺性,垄断利润将转化为租金。因此,自然资源的稀缺性是自然资源虚拟价值的一个先决条件,如果自然资源可以无限供给,不具有稀缺性,那么就不存在垄断利润进而不存在租金和虚拟价值。

② 这里讲的"资源产品"是指由自然资源作为原料所生产的产品,如农业用地的土地资源产品就是指农产品,矿产资源产品就是矿石,森林资源产品就是木材等。

说,假定一种资源产品的生产除了用自然资源外,还用到的生产要素的成本为 C ,产量为 Q ,售价为 O ,社会的平均利润率为 $\bar{r}$,则该自然资源的经济租金为:

$$R=P\cdot Q-C\cdot(1+\bar{r}) \tag{3.5}$$

则自然资源的价值可以表示为:

$$Wnr=\frac{R}{r}=\frac{P\cdot Q-C\cdot(1+\bar{r})}{r} \tag{3.6}$$

其中 r 表示贴现率,(3.6)式的自然资源价值决定公式反映了自然资源的价值是通过自然资源的所有者凭借其所有权获得的经济租金所带来的贴现值,正如土地价格的决定公式一样,自然资源的价值是自然资源经济租金的资本化。

第三节 环境资源价值的形成和决定机制

环境资源价值的形成机制不能依照资源经济租金贴现的方式实现。修复耗费计量方式就成为环境资源价值形成的重要途径。修复耗费是对环境资源损耗的一种补偿,以"负价值"的形态出现。下面将以联合生产中的负价值理论为基础,构建基于环境资源虚拟价值的形成和决定机制。

一、"联合生产"与"负价值"问题

"联合生产"作为一种经济现象在日常生活中是随处可见的,比如羊毛与羊肉、酒与酒糟、钢铁与焦炭等等。[1]经济学家也很早就关注到这一点,包

---

① 更多联合生产的实例可以参见斯蒂德曼(Steedman 1984)。

括斯密在内的古典经济学家都曾讨论过这一问题（Kurz 1986，Baumgärtner 2000）。但是赋予这一概念现代含义的是冯·诺依曼（Von Neumann 1937）以及斯拉法（Sraffa 1960）的研究，特别是斯拉法的《用商品生产商品》一书激发了经济学家研究联合生产问题的巨大热情。

其中，最有代表性也是最具争议的研究是由斯蒂德曼基于联合生产概念提出，所谓"负价值与正价格并存""负剩余价值与正利润并存"的"斯蒂德曼诘难"，这一诘难直接以马克思主义的科学劳动价值论为攻击对象，在国际上引起很大反响（Steedman 1975）。针对这一挑战，马克思主义经济学家，包括森岛通夫（Morishima 1976）、沃尔福斯塔（Wolfstetter 1976）、伊藤诚（Itoh 1981）、塔克（Toker 1984）以及国内学者白暴力（2006）、张忠任（2006）、余斌（2007）、冯金华（2011）从不同角度对"斯蒂德曼诘难"进行批判。针对这场论战的评论超出了本书的范围，但是从这场论战本身不难看出一旦将"联合生产"的概念引入经济学分析，许多在"单一生产"假设下得到的结论可能就会面临严峻挑战。

"联合生产"概念最具现实意义的应用应该是与环境经济学相结合，为环境经济学提供新的理论基础，这方面的开创性工作由 Baumgärtner 等人做出（Baumgärtner 2000，Baumgärtner et al. 2001，Baumgärtner et al. 2006）。Baumgärtner 等人的研究通过考虑生产过程对自然环境的影响，提出一切生产活动本质上都是联合生产过程的认识。Baumgärtner 关于发电厂的实例很好地解释了这一点（如图 3.4 所示）

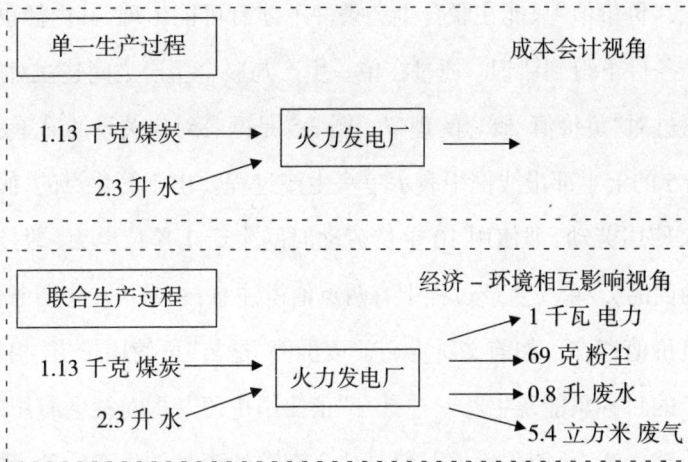

资料来源：Baumgärtner, Ambivalent Joint Production and the Natural Environment, 2000, p174.

图 3.4 发电厂的联合生产示意图

图 3.4 表明：同一个生产过程从不同视角观察，既可以看作"单一生产"又可以看作"联合生产"。从成本会计的视角，火力发电的唯一产品是电力，其生产过程属于"单一生产"范畴，这是传统经济学的一般假设。如果考虑经济活动的环境影响，火力发电的产品除电力以外还包括粉尘、废水、废气等污染物，属于"联合生产"的范畴。

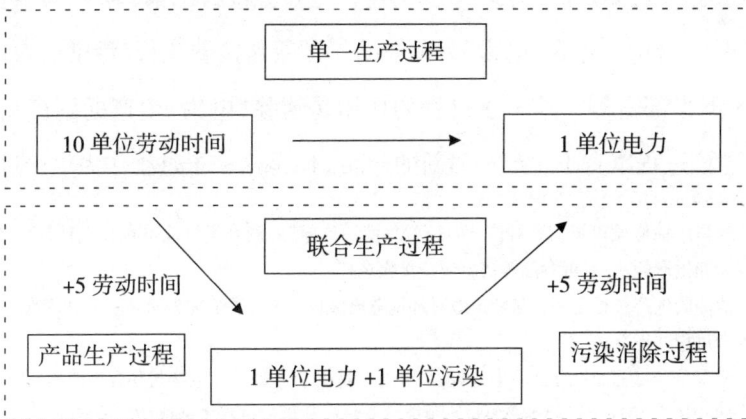

图 3.5 单一生产与联合生产对应关系示意图

因此,"负价值"只能在联合生产条件下才有可能出现,其内涵也只能在联合生产条件下得到认识。通过在单一生产与联合生产之间建立对应关系,有助于增进对"负价值"概念的理解。图 3.5 是两者对应关系的简单示意。

图 3.5 的上半部虚线框中表示单一生产过程。出于简化目的,假设生产过程中只使用劳动,即使用 10 单位劳动时间生产 1 单位电力(即具有正使用价值的商品)。单一生产过程中有两点值得注意:一是单一生产条件下,不可能有负价值存在。如前文所定义,"负价值"是与"负使用价值"相联系,而单一生产的目标只能是生产一种具有"正使用价值",即对社会有用的商品,不存在单纯生产"负使用价值",即对社会有害的商品的生产活动,理性的商品生产者不具有这样做的动机。[①]二是商品的价值量不存在确定上的困难,可以简单地由生产它们所花费的劳动时间确定。以图 3.5 为例,1 单位电力的价值即为 10。

图 3.5 的下半部虚线框中表示联合生产过程。考虑生产过程对自然环境的影响,单一生产过程就转变为联合生产过程。任何生产过程势必对自然环境产出负面影响。[②]将这种"负面影响"概念化为一种称为"污染"的产品,即可得到图 3.5 下部左侧的"产品生产过程",这一子过程同时生产出两种"产品","电力"及其副产品"污染"。这时生产过程并没有结束,为使生产过程的最终产品集合中只包含"电力"一种产品,[③]必须紧接着执行"污染清除过程"(图 3.5 下半部右侧),这一子过程的作用是清除"电力"生产的副产品——"污染"。该过程本身不生产任何新的产品。但是这一子过程作为生产过程的

[①] 这里应该假设市场信息对称,即具有"负使用价值"的商品不可能被包装成具有"正使用价值"的商品,如生产假药、有毒食品等情况应该排除在外。

[②] 清洁的生产过程至多只是较少地对环境造成破坏。热力学定理表明完全不对环境产生负面影响的生产过程并不存在。

[③] 要求生产过程的最终产品中只包含"电力",是出于分析单一生产与联合生产之间对应关系的需要。现实中,污染净化过程不必要也不可能完全将产品生产过程中造成的污染清除,企业一般根据国家法律的规定进行部分清除。根据我们的方法,部分清除并不影响污染物负价值的决定。

自然延续,在其中花费的劳动显然是创造价值的。

二、"负价值"理论与环境资源价值

联合生产条件下商品价值量的决定会面临两方面的问题:一方面,由于生产子过程的联合生产性质,仅依赖该子过程不能确定单独一种商品的价值量。比如在本例中,"电力"的价值不能认为等于"产品生产过程"中投入的5单位劳动时间。另一方面,尽管投入净化过程的劳动必然创造价值,但是这些价值又因为该子过程不产生新产品而找不到其所能依附的使用价值。[①]但是当我们把两个过程结合起来,这两个问题就能一并得到解决。使用联合生产的一般表示法,可以将图 3.5 中的联合生产过程表示为表 3.3。

表 3.3 联合生产过程的一般表示

	投入			产出	
	劳动	污染		电力	污染
生产过程	5	0	→	1	1
净化过程	5	1	→	0	0
总计	10	1		1	1

不难计算,[②]"电力"的价值为 10,而"污染"的价值为–5,即负价值。在联合生产条件下,商品的价值量取决于在整个生产过程(包括"产品生产"和"污染清除"两个子过程)中投入的总劳动时间。同时,"电力"的价值与其在单一生产过程中决定的量相等的事实说明:将单一生产过程重新表述为相应的联合生产过程后,商品价值量由生产其所费的劳动量决定的规律依然成立。联合生产过程不过是把总的劳动时间在两个生产工序中重新进行分

---

① 净化过程类似于《资本论》(第二卷)中讨论的运输业,马克思认为运输业是创造价值的,且这些价值要追加到商品价值中去,下面我们将会看到净化过程中创造的价值也要追加到商品价值中。

② 假设电力的价值为 l_1,污染的价值为 l_2,从生产过程有 $l_1+l_2=5$,从净化过程有 $5+l_2=0$,联立两式即可。

配而已。

与单一生产过程不同,在联合生产条件下可以有"负使用价值"存在,因而也可以有相对应的"负价值"存在。"污染"这种"负使用价值"不是生产活动的目的,只是作为"正使用价值"生产过程中的"副产品"存在,是生产技术的局限造成的。因此可以得出结论,"负价值"的质的规定性是与"负使用价值"相联系的,表现为某种物品对社会的有害性。联合生产允许有"负使用价值"存在,因而为"负价值"的存在提供了可能性。同时,注意"负价值"量的大小,由净化过程中所耗费的劳动量决定,即由为修复"污染"对自然环境所造成的损坏而投入的劳动量①决定,为修复其造成的损害而投入的劳动量越大,"负价值"的量也就越大。因此可以得出结论,"负价值"的量的规定性是与修复"负使用价值"造成的损害所必须付出的劳动量相联系的,表现为修复过程中所付出的劳动时间的多少。

以上我们知道了生产活动对环境资源造成了损害,即产生了污染物,给人类带来负的使用价值或负效用,此时污染物的负价值可以用修复其所耗费的劳动进行度量。对于环境资源来说,消除污染物意味着环境资源得到恢复,那么由于生产活动所损耗掉的环境资源的价值就与修复所耗费的劳动等量。基于劳动价值理论的思想,环境资源虚拟价值的量等于修复过程中所耗费的劳动量。

三、环境污染"负价值"的决定机制

为了进一步分析的方便,可以构建包含"负价值"的更加一般的模型,其技术设定由表 3.4 给出:

---

① 更准确地说,由用于修复其损害而必须投入的社会必要劳动时间决定。

表 3.4　"负价值"一般模型的设定

生产过程	投入					产出	
	生产资料 1	生产资料 2	污染	劳动		商品 A	污染
生产技术 Ⅰ	K_{11}	K_{12}	0	L_1	→	1	P_1
生产技术 Ⅱ	K_{21}	K_{22}	0	L_2	→	1	P_2
净化技术	K_{p1}	K_{p2}	1	L_p	→	0	0

基本假设：

一是经济中存在一种商品(Y_A)，两种生产资料(K_1 和 K_2)，它们的价格外生给定，分别由 $z_A>0$、$z_1>0$ 和 $z_2>0$ 代表，且假设不发生价值革命，即价格等于其价值。劳动的名义工资率为 w。

二是两种生产技术(Ⅰ 和 Ⅱ)，两种技术使用的生产资料由 $K_{ij}(i=1,2;j=1,2)$ 表示，K_{ij} 代表利用第 i 种技术生产 1 单位商品 A 所需要的第 j 种生产资料的数量；使用的劳动力由 $L_i(i=1,2)$ 表示，L_i 代表利用第 i 种技术生产 1 单位商品 A 所需要的劳动力的数量；造成的污染由 $P_i(i=1,2)$ 表示，P_i 代表利用第 i 种技术生产 1 单位商品 A 的过程中造成的环境污染的量。

三是存在一种污染净化技术，净化技术中使用的生产资料由 $K_{pj}(j=1,2)$ 表示，K_{pj} 代表利用净化技术净化 1 单位污染所需花费的第 j 种生产资料的数量，使用的劳动力由 L_P 表示。

根据我们对"负价值"质和量的规定，很容易从这一基本模型中，推导出"污染"的价值为负，同时也可以得到"污染物"定价的一般原则。设"污染物"的价值为 z_p，根据表 3.4 中的"净化技术"一行，可以得到有下式成立：

$$z_1K_{p1}+z_2K_{P2}+z_p+L_P=0 \tag{3.7}$$

因此，$z_p=-(z_1K_{P2}+z_2K_{p2}+L_P)<0$，只要所有的生产要素的价值为正，则"污染"的价值必是负数，可以说"污染"具有负价值。同时(3.7)式也给出了污染物定价[①]的一般原则，即每单位"污染物"的合理价格为：$z_1K_{p1}+z_2K_{P2}+L_P$。

---

① 这种定价的目的是确定政府对污染者应该征收的污染税的合理数量。

与自然资源的直接使用价值不同,环境资源(狭义的生态环境)的使用价值并不是直接体现的,而是通过间接效用实现的。而且环境资源的间接效用也是历史的,只有当生态破坏和环境污染超出生态环境的承载力,制约经济发展本身时,环境资源的间接效用才会被人们发现。在这种条件下,环境资源的价值(或价格)与自然资源的价值(或价格)具有类似的形成机制。因此,与自然资源价值一样,环境资源的价值也可以称为虚拟价值。但是环境资源的间接使用价值难以形成市场价格,也就难以按照自然资源租金的方式决定虚拟价值。马艳、严金强和陈张良(2012)提出用污染治理所消耗的劳动量作为环境污染"负价值",我们认为这一思想还可以进一步扩展。既然环境资源的正效用可以间接地用生态环境破坏后的负效应来衡量,而生态环境破坏后的负效应可以用负价值来度量。也就是说,环境资源的价值等价于修复生态、清除污染所耗费的劳动量。也就是说,根据(3.7)式所显示的环境资源损坏后的负价值计算公式,环境资源的价值可以表示为:

$$W_{er}=z_1K_{p1}+z_2K_{P2}+z_p+L_P \tag{3.8}$$

在整个社会(包括生态环境部门)实现利润率平衡化之后,资源环境的价值决定公式(3.8)也将发生相应的变形。假定每单位修复生态和清除污染所耗费的总成本为 k_p,平均利润率为 $\bar{r}$,总污染数量为 Q_p,则环境资源的价值为:

$$W_{er}=Q_pk_p(1+\bar{r}) \tag{3.9}$$

(3.9)式表明,在竞争条件下,生态环境的价值等于生态环境治理企业的生产价格。

四、基于负价值理论的绿色技术分类

"负价值"模型不止可以用于对"污染物"进行合理定价,"负价值"概念在马克思主义经济学的诸多领域均有广阔的应用空间。其中有较强的理论和实践意义的应用是基于"负价值"概念修正对"技术进步"的传统定义,考虑下面的简化模型(如表 3.5 所示):

表 3.5 "负价值"的简化模型

生产过程	投入					产出	
	生产资料 1	生产资料 2	污染	劳动		商品 A	污染
生产技术 Ⅰ	cK_{11}	0	0	aL_1	→	1	bP_1
净化技术	0	0	1	dL_p	→	0	0

假设不考虑生产技术 Ⅱ,令 K_{12}、K_{p1} 以及 $k_{p2}=0$,同时设 a、b、c、d 为技术系数,体现技术水平的变化,且 $a_0=b_0=c_0=d_0=1$ 为初始状态。考虑传统的以资本技术构成提高为特征的技术进步,即以"资本替代劳动"用有序组 (a_1,c_1) 表示,其中 $a_1<1$,$c_1>1$。[1] $a_1<1$ 意味着生产单位商品所花费的劳动量下降,根据传统定义技术水平出现进步。"技术进步"的传统定义在此种情况下极易产生误导作用,因为它没有(根据定义也不需要)考虑第二种商品,即"污染"的变化情况。只要一种技术变化使生产谷物的效率提高,不管它是否造成比过去更加严重的"污染",在传统定义下都被视为是"进步"的。但是为了修复更加严重的"污染"对自然环境造成的破坏,社会势必在"污染清除过程"中花费更多的劳动时间。[2] 因此在"负价值"模型中,生产一单位商品 A 所花费的劳动时间[3] 应表示为:

$$l_A=aL_1+bP_1dL_p \tag{3.10}$$

一般而言,机器大工业会对自然环境造成更大程度的破坏,因此可以假设 $P_1(K_{11})$ 且 $\partial P_1/\partial K_{11}>0$,即污染量是生产资料使用量的增函数。因此,$c>1$ 意

---

① 假设只有生产技术发生变化,而净化技术不变,即 $d_1=1$。

② 假设污染清除过程的技术水平不变,我们当然也可以让清除过程中也存在技术进步。但就目前而言,这种复杂化无助于讨论,因而在下文中一直保持此种简化。

③ 注意生产单位商品的劳动时间在数值上是劳动生产率的倒数。生产单位商品的劳动时间下降意味着劳动生产率提高,反之亦然。

味着技术变化后生产资料的使用量上升,进而污染量也随之上升,即 $b_1>1$。因此,在"资本替代劳动"的技术进步条件下,有 $a_1<1$ 和 $b_1>1$ 同时成立。根据(4.9)式,l_A 是增多还是减少也是不确定的,而不像传统认为的是下降的。在某些特殊情况下,例如当 $(b_1-b0)>(a_0-a_1)$ 时,技术变化之后生产单位商品 A 的所需劳动时间甚至可以是上升的,即意味着生产效率可能出现倒退。

故而在"负价值"模型中,技术进步应该根据其对环境的影响程度被进一步细分。从生产技术的变化看,根据技术变化对生产单位产品造成的污染量的影响可以把它们分为三类:一是污染增强型的技术进步,即使生产单位商品 A 的污染进一步加重的技术变化,表示为 $b_1>1$;二是污染中性型的技术进步,即使生产单位商品的污染保持不变的技术变化,表示为 $b_1=1$;三是污染弱化型的技术进步,也就是使生产单位商品的污染程度下降的技术变化,即表示为 $b_1<1$。易知污染中性型和污染弱化型技术进步必然使 l_A 下降,即生产效率必然提高,可以认为是严格意义上的"技术进步"。而污染增强型的技术进步对 l_A 的影响是不固定的。这种技术变化不一定提高生产效率。严格地说,这种技术变化不能笼统地称为"技术进步"。另外如果考虑净化技术的变化,还可以定义一种"清洁技术进步",也就是使净化一单位污染所费的劳动量减少,即 $d_1<1$。

第四章 生态与经济协调发展的再生产理论模型

社会再生产理论为研究生态与经济协调发展问题提供了良好的分析框架和理论基础。对这一理论在生态经济中的应用关键是将生态因素纳入经济体系中进行研究,将生态因素内生化。本章将以马克思的社会再生产理论为基础,将生态因素纳入再生产理论的分析框架中,分别构建生态与经济协调发展的再生产理论模型,以及基于生态消费的劳动力再生产理论模型,阐述生态与经济系统之间的物质交换和价值补偿关系。通过分析经济与生态协调发展的再生产实现条件,自然资源与生态环境分别以不同的方式与经济部门实现物质交换和价值补偿,而要确保生态与经济协调发展并且具有可持续性,实现绿色发展,市场和政府分别承担不同角色,需要两者共同发挥作用。

第一节　生态与经济再生产协调关系的理论前提

生态环境在生产生活中所起的越来越重要的作用体现在物质生产已经离不开对环境的依赖,而生态环境的利用和生态环境问题的处理也离不开物质生产领域。生态环境价值的形成和决定也需要在生态与经济再生产循环平衡条件下才能取得均衡。一旦生态与经济的平衡关系遭到破坏,那么生态问题和生产危机将会出现。因此,有必要对生态与经济的协调关系进行研究。

一、生态与经济协调发展的相关理论研究

党的十八大以来,习近平总书记提出和阐述了包括"两山理论"在内的丰富的生态文明思想。党的十九大报告首次提出将建设现代化经济体系作为今后经济工作的战略目标, 而以生态与经济协调发展为核心的绿色发展体系是现代化经济体系的重要内容。[①]新时代,如何实现"绿水青山就是金山银山",关键在于保持生态与经济协调发展。自从生态问题进入人们的视线以来,如何在保持经济发展的同时,改善自然生态环境,一直是人们所关注的焦点。生态与经济协调发展问题的研究也成了生态经济学研究的重要议题,目前国内外关于生态与经济问题的相关研究主要特点有以下几个方面:

首先,国内外关于生态环境问题的经济学研究,大多是在新古典经济学的框架内进行的。这一研究框架难以为生态经济问题提供彻底的解决方案。

[①]　参见十九大报告和习近平在中央政治局第三次集体学习会上的讲话。

生态环境问题引起人们的广泛关注始于 20 世纪 60 年代(Rachel Carson,1962),
而罗马俱乐部 Dennis L.Meadows 的《增长的极限》(1972)则开启了生态经济
学的研究。之后国内外学者主要在新古典经济学框架内进行的理论与实证
分析。理论上主要是以生态环境因素作为经济系统的外生约束变量,探讨在
一定的资源环境承载范围之内的经济发展问题,实证上更多是围绕"环境库
茨涅茨曲线"(EKC)所展开的实证研究。资本主义经济与生态发展的现实证
明,以新古典经济学为框架研究生态经济问题难以完全奏效,主要原因在于
环境因素在新古典经济学框架内难以实现内生化。

其次,国内外马克思主义学者构建了马克思主义的生态学理论框架,但
这些研究主要停留在哲学形态,经济学形态的研究较少。国外学者的研究经
历了生态学马克思主义、生态社会主义和马克思的生态学三个阶段。其中以
美国学者福斯特(J.B. Forster)为代表的欧美生态马克思主义者,构建了马克
思主义整个理论体系的生态学理论框架。一些亚洲国家的学者也进行过一
些尝试,如日本经济学家都留重人(1968,1972)将马克思主义政治经济学基
本原理用于分析"公害问题"。在国内研究方面,马克思主义经济学家许涤新
早在 20 世纪 80 年代初期就开始关注中国生态问题和生态经济学,其后,刘
思华(1989,1993,2006)、程福祜(1993)、马传栋(1995)等学者研究了马克思
的生态学思想和生态经济理论与实践,提出创建中国特色的生态经济学的
命题,为马克思主义生态经济学的发展奠定了基础。但是目前国内外生态马
克思主义研究主要表现为哲学形态,经济学形态较少。

最后,近年来国内经济学者从新的视角,运用新的方法研究了生态经济
问题,但在理论系统性、马克思主义经济学思想深度以及生态价值量化分析
基础方面仍然存在不足。随着我国生态环境问题日趋显露,党的十六大和十
八大分别提出和谐社会和生态文明的建设目标,党的十九大以来,提出绿色
发展和建设美丽中国的战略目标。国内很多经济学者开始从新的视角探讨

这一问题,如从微观价值基础角度探索生态价值问题;从物质与环境再生产角度探讨生态经济问题;从经济可持续发展角度探索生态与经济系统协调发展问题;从构建污染补偿机制、碳金融市场和低碳经济发展政策等角度构建我国绿色经济发展政策等问题。这些研究无疑对马克思主义生态经济学和中国生态经济学的建立与发展具有方法、理论和政策贡献。但总体来说,这些研究生态经济的主题较为分散,很多在方法论上偏离了马克思主义经济学的基础,更为重要的是难以建立完整统一的生态环境价值理论基础,也就难以有效地形成生态与经济协调发展的机制。

现有的生态经济理论难以深入研究并较好地解决现实生态问题的关键原因在于,缺乏环境污染的科学量化分析基础。西方经济学中环境污染具有外部性和公共性,难以通过市场来形成价格;而马克思主义经济学中环境污染缺乏劳动价值实体,无法直接应用劳动价值论。同时,仅仅将生态因素作为约束条件的外生变量是不够的,必须将其作为内生变量纳入经济系统分析当中。而作为现代化经济体系的重要组成部分,绿色发展体系建设又离不开对生态与经济的协调发展问题研究。因此,本章尝试以马克思的社会再生产理论为基础,构建生态与经济再生产的理论模型,在此基础上探讨生态与经济协调发展的机理。

二、生态与经济协调发展的再生产理论基础

再生产理论是马克思主义经济学理论体系的重要组成部分,是经济增长理论、经济周期理论、资本流通理论等的基础性理论。马克思的社会再生产理论主要考察社会生产部门之间实现社会总产品再生产、完成实物替换和价值补偿所需具备的条件等问题。由于这一理论注重部门关系和结构分析,这为研究生态与经济协调发展问题提供了方法和理论基础。

随着经济发展与资源环境的关系越来越紧密，如何构建生态与经济协调发展的理论体系和体制机制，成为当前学界探讨的重要问题。但正如前文所述，新古典理论存在的缺陷使其难以胜任这一理论重任，而生态马克思主义的定位又远离中国特色社会主义的现实需要。正是在这一背景下，重新挖掘马克思主义经济理论，特别是马克思的再生产理论是完成这一理论构建的迫切需要。

众所周知，马克思的再生产理论主要关注物质生产部门之间的物质替换与价值补偿是如何进行的，并探讨物质生产部门之间保持再生产顺利进行的实现条件，以及在不同制度下实现再生产的可能性和现实性。由此，马克思将物质生产部门分为生产生产资料的部类和生产消费资料的部类，每个部类所生产的产品相互需要，创造的价值得到相互实现，最终完成部类之间的物质替换和价值补偿关系，形成下一轮经济再生产的条件。马克思的社会再生产理论注重结构分析，并且将实物研究和价值研究相结合，无疑具有重要的现实意义，为进一步研究资本流动、产业变化和经济周期奠定了方法和理论基础。但是，生态问题并未纳入马克思的社会再生产理论分析中，这是由马克思以物质生产资料及其关系作为核心内容的理论逻辑决定的，也与马克思当时所处的时代条件不无关系。

在马克思所在的年代，资源、生态、环境问题对人类尚未构成威胁，生态问题并没有引起人们的充分重视。这一方面是因为相对于人类的需求而言，资源、生态、环境的供给还相对充裕，人类社会对环境容量和生态破坏的干扰没有超出其突变的阈值；另一方面人类生产主要还集中在人类基本生存资料的生产上，追求物质生产的增长是人类社会的主要目标。因此，在经典马克思主义经济学中还没有完全将资源、生态、环境纳入理论分析的框架之中。

而随着经济社会的发展，人类活动逐渐深入大自然，资源耗竭、生态破坏、环境恶化已经成为困扰全人类的世界难题。根据联合国发布的《千年生态环境评估报告》显示,过去 50 年中,由于人口急剧增长,人类过度开发和使用地球资源,一些生态系统所遭受的破坏已经无法得到逆转,24 个生态系统中的 15 个正在持续恶化,人类赖以生存的生态系统有 60%正处于不断退化的状态,[①]另据《世界资源报告 2000—2001:人与生态系统,正遭破损的生命之网》显示,全球 70%的农业用地已经退化,地力枯竭,50%的湿地已在 20 世纪丧失,2/3 的渔业已濒临或超过持续生产的极限;地球上 1/3 的人们面临缺水,其中有 13 亿没有健康的饮用水;世界上 10%~15%的物种将在今后 30 年灭绝;80%的森林正遭受砍伐。[②]

在此背景下,人们在经济实践过程中逐步意识到资源、生态、环境问题对经济发展的重要作用。如 20 世纪 60 年代末,环境问题成了人类所关注的一个大问题,1972 年 6 月 5 日,联合国召开了"人类环境会议",提出了"人类环境"的概念,并通过了人类环境宣言成立了环境规划署。1987 年 4 月 27 日,世界环境与发展委员会发表了一份题为"我们共同的未来"的报告,提出了"可持续发展"的战略思想,确定了"可持续发展"的概念。1992 年联合国环境与发展大会通过了《里约热内卢环境与发展宣言》以及《二十一世纪议程》,可持续发展战略开始从理念走向实践,人类对生态环境资源的关注度在不断的提升。

但是,这些关注与分析都需要理论予以支撑,这就要求理论经济学不断发展与创新。马克思主义经济学同样需要完成其理论体系由传统走向可持续经济学的任务。这其中要解决的关键性问题则是资源、生态、环境的使用、配置、损害、补偿的理论依据和量的划定标准,以及资源生态环境与物质生产部门之间的经济关系,这些问题恰恰是再生产理论关注的焦点。若将生态因素纳入再生产的循环体系中,不仅能够使经济平衡发展理论更加具有现

---

① 参见《千年生态系统评估》报告发布,《人民日报》,2005 年 3 月 31 日,第 11 版。
② 参见《世界资源报告为地球健康亮出黄牌》,上海译文出版社,2006 年,第 96 页。

实性，而且也可以有助于中国特色社会主义政治经济学理论内容的充实和完善。

此外，马克思的再生产理论，以再生产图式的方式展现其理论分析的逻辑结构，其中一个重要的前提是将两大部类产品的价值构成进行设定，这也是进行量化分析的基础。纳入生态因素的再生产理论模型，也必须基于价值基础，而这恰恰是目前理论上难以取得突破的难题，即生态经济问题的研究缺乏生态价值基础。对于如何构建生态价值理论问题，我们在前文已经做了较为详细的分析，即在劳动价值论的基础上，将生态价值分为自然资源价值和生态环境价值两类。其中自然资源的价值由(3.6)式决定，生态环境的价值由(3.8)或(3.9)式决定。

三、生态与经济之间再生产关系的基本假定

生态环境可持续再生产问题本质上是生态与经济再生产循环问题，生态环境要保持可持续再生产的前提是生态与经济之间要保持一定的量的关系。对此，我们将从马克思再生产理论模型基础上构建生态与经济再生产的理论模型，从而导出保证生态环境可持续再生产的基本条件。为了构建生态与经济再生产协调关系的理论模型，需要对以下几个方面做出假定：

假定1：将社会再生产部门分为生态部门和经济部门。生态部门按照经济作用和形态的差异，分为自然资源部门和生态环境部门。自然资源部门主要从事对自然资源的勘探、开采、提炼和加工制造等活动，为经济部门提供生产和生活所需的资源类产品。生态环境部门主要从事对生态破坏和环境污染的修复、补偿、净化、治理等活动，消除生产和生活过程中出现的生态破坏和环境污染问题，或者为生产生活提供生态和环境类产品。经济部门是指物质生产部门，包括了生产资料部门和消费资料部门。

假定 2:将生态部门所生产的产品定义为生态产品。自然资源部门生产的资源类产品,以天然存在的自然资源作为劳动对象,而自然资源本身的稀缺性和不可再生性特征,①决定了资源类产品像土地产品一样可以获取超额利润,进而体现自然资源的价值(或价格)。生态环境部门"生产"的生态类产品是指通过人工对原有自然风景和自然生态的修复、培育和管理之后形成的产品;环境类产品是通过人工方式创造或者对自然环境净化和治理等方式生产出来的产品。生态环境类产品并没有直接使用价值,但由于生态破坏和环境污染给生产生活带来了负面影响,消除这一负面影响正是生态环境类产品使用价值的体现。

假定 3:满足自然资源和生态环境价值成立的条件。对于自然资源来说,根据地租理论,市场经济条件下,只要自然资源的开采率大于形成率,那么自然资源的价值(或价格)就可以通过资源类产品的垄断利润得到实现。而生态环境本身并没有直接的使用价值或经济效用,因此并不能通过类似自然资源的方式确定价值量。只有当生态环境恶化的状态已经超出生态和环境的承载力,也就是污染率超过自净率,生态破坏和环境污染才会影响到经济部门的生产与生活过程。因此,在这一条件下,生态环境才具备价值,而且这一价值量的确定可以通过修复生态和治理污染所耗费的劳动量来度量。

假定 4:资源环境部门与物质生产部门之间存在着相互交换和补偿关系。一是环境生产部门为物质生产部门提供生产资料和消费资料,包括有形的环境产品和无形的环境产品,前者如铁矿石、石油、天然气、水电等,后者如适宜生产的空气、合理的生产布局、舒适的风景以及大自然的休闲场所(森林、河流、花草以及动物园等)。二是物质生产部门为环境生产部门提供生产资料和生活资料。生产资料如进行资源勘探、开采和加工所需的机器设

① 自然资源的稀缺性也可以表述为自然资源开采率大于自然资源形成率,不可再生性是大部分自然资源共同的现期技术特征。

备,以及保护、修复、治理和改造生态环境所需的机器设备。三是物质生产部门的生产和再生产过程为环境生产部门提供劳动对象。如生产过程中所产生的废弃物,消费过程中所产生的生活垃圾,以及生产和消费过程中所造成的对生态环境的破坏。四是物质和环境生产部门各自内部存在交换关系。

在以上假定条件下,我们可以将物质生产部门与环境生产部门之间的循环关系简单地以图 4.1 表示出来。

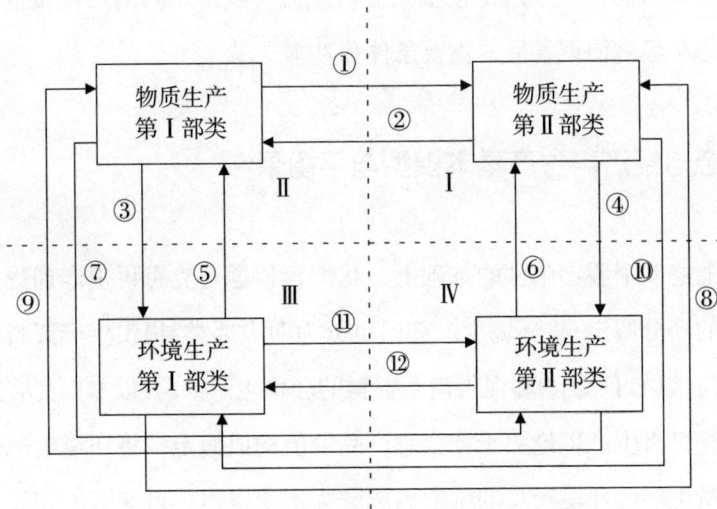

图 4.1 物质与环境再生产循环简化图①

---

① 图 1 中,序号①和②的箭头表示由物质生产第 I 部类与第 II 部类之间相互提供生产资料和消费资料。序号③和⑦的箭头表示由物质生产第 I 部类向环境生产部门(包括第 I 和第 II 部类)提供生产资料和废弃物,序号④和⑩的箭头表示物质生产第 II 部类向环境生产部门(包括第 I 和第 II 部类)提供消费资料和废弃物。序号⑤和⑧的箭头表示由环境生产第 I 部类向物质生产部类(包括第 I 和第 II 部类)提供环境产品(生产资料),序号⑥和⑨的箭头表示由环境生产第 II 部类向物质生产部门(包括第 I 和第 II 部类)提供环境产品(消费资料)。最后,序号⑪和⑫的箭头表示环境生产第 I 部类与第 II 部类之间相互提供环境产品。

第二节　生态与经济再生产协调关系的理论模型

生态与经济的协调发展问题关键在于两者在数量上的平衡，下面将在上述关于生态与经济物质交换关系和生态价值量的假定基础上，通过构建纳入生态因素的再生产理论模型来分析生态与经济之间的均衡条件。从而说明生态与经济协调发展的重要条件和基本要求。

一、生态与经济再生产基本模型与平衡条件

在上述四个假定条件的基础上，我们再根据马克思再生产理论关于两大部类的划分假定，将环境生产部门也分为两大部类：提供生产资料的环境生产部门（以 E I 表示）和提供消费资料的环境生产部门（以 E II 表示）。同时根据马克思再生产理论关于社会总产品价值构成假定，将环境生产部门两大部类所生产的环境产品的价值构成分为不变资本、可变资本和剩余价值三个组成部分，分别以 C_e^i、V_e^i、M_e^i 表示（其中，上标 i 为部类，$i=1$ 代表 E I，$i=2$ 代表 E II，下标 e 代表环境部门）。

为了方便下面再生产循环模型的分析，我们还假定环境生产部门内部不存在物质交换关系，即假定环境生产部门所需的生产资料和消费资料都来源于物质生产的两大部类，而环境生产部门生产出的环境产品仅供应物质生产部门。

在图 4.1 的基础上，我们构建物质与环境再生产循环的理论模型。

首先，加入环境生产部门之后，将物质生产的两大部类的价值构成重新组合表示如下：

$$Ⅰ: W^1_s = C^1_{ss} + C^1_{se} + V^1_{ss} + V^1_{se} + M^1_{ss} + M^1_{se} \tag{4.1}$$

$$Ⅱ: W^2_s = C^2_{ss} + C^2_{se} + V^2_{ss} + V^2_{se} + M^2_{ss} + M^2_{se} \tag{4.2}$$

其中，C^i_{se}、V^i_{se}、M^i_{se} 分别表示物质生产部门用于同环境生产部门相交换的不变资本、可变资本和剩余价值。而 C^i_{ss}、V^i_{ss}、M^i_{ss} 表示用于物质生产部门内部交换的不变资本、可变资本和剩余价值。且 $C^i_{ss}+C^i_{se}=C^i_s$，$V^i_{ss}+V^i_{se}=V^i_s$，$M^i_{ss}+M^i_{se}=M^i_s$。

其次，根据前面的假定条件，环境生产部门的价值构成可以表示为：

$$EⅠ: W^1_e = C^1_{ee} + C^1_{es} + V^1_{ee} + V^1_{es} + M^1_{ee} + M^1_{es} \tag{4.3}$$

$$EⅡ: W^2_e = C^2_{ee} + C^2_{es} + V^2_{ee} + V^2_{es} + M^2_{ee} + M^2_{es} \tag{4.4}$$

其中，C^i_{es}、V^i_{es}、M^i_{es} 分别表示环境生产部门用于同物质生产部门相交换的不变资本、可变资本和剩余价值。而 C^i_{ee}、V^i_{ee}、M^i_{ee} 表示用于环境生产部门内部交换的不变资本、可变资本和剩余价值。且 $C^i_{es}+C^i_{ee}=C^i_e$，$V^i_{es}+V^i_{ee}=V^i_e$，$M^i_{es}+M^i_{ee}=M^i_e$。

因此，与马克思主义两大部类再生产循环关系一样，物质生产部门与环境生产部门之间要保持可持续的再生产，必须在价值构成上满足一定的量的关系。由(4.1)~(4.4)式，根据马克思主义再生产理论，物质与环境可持续再生产循环必须满足下列条件：

条件1：物质生产第Ⅰ部类对环境生产部门所生产的生产资料的需求与环境生产部门对物质生产第Ⅰ部类所需的生产资料的供给相等。即：$C^i_{es}=C^i_{se}$。

条件2：环境生产第Ⅰ部类对物质生产部门所生产的消费资料的需求与物质生产部门对环境生产第Ⅰ部类所需的消费资料的供给相等。即：$V^1_{es}+M^1_{es}=C^2_{se}$。

条件3：物质生产第Ⅰ部类对环境生产部门所生产的消费资料的需求与环境生产部门对物质生产第Ⅰ部类所需的消费资料的供给相等。即：$C^2_{se}=$

$V^1_{se}+M^1_{se}$。

条件4:物质生产第Ⅱ部类对环境生产部门所生产的消费资料的需求与环境生产部门对物质生产第Ⅱ部类所需的消费资料的供给相等。即:$V^2_{es}+M^2_{es}=V^2_{se}+M^2_{se}$。

条件5:物质生产部门内部的简单再生产实现条件,即:$V^1_{ss}+M^1_{ss}=C^2_{ss}$。

条件6:环境生产部门内部的简单再生产实现条件,即:$V^1_{ee}+M^1_{ee}=C^2_{ee}$。

以上6个条件除了第5、6两个条件为生产部门内部的交换关系外,其他4个条件均为物质生产部门与环境生产部门之间保持可持续再生产所需的基本条件。

二、加入污染物的生态与经济协调关系模型

前文所分析的物质与环境再生产的循环模型所得出的满足资源环境可持续再生产的条件,从某种意义上来说只是外延可持续再生产的条件。这些条件表明,随着物质生产规模扩大,为了提供物质生产部门所需的环境产品以及吸收物质生产部门所排放的废弃物,环境部门的规模也要相应扩大,而没有考虑环境生产部门和物质生产部门的生产效率。可见,满足资源环境可持续再生产的6个条件还不能充分反映物质和环境之间的循环效率或者说循环程度。因此,我们通过放松假定条件,构建资源环境可持续再生产的度量模型,以进一步说明物质与环境之间再生产循环的最优的量的关系。

为了构建物质与环境再生产循环的度量模型,我们做出以下几点假定:

一是将物质生产部门的生产和再生产过程中排放的具有负的使用价值的废弃物考虑进来。前文的分析只是限于具有正面使用价值的物质的交换和循环,但是环境生产部门与一般的物质生产部门的一个重要的区别在于,

环境生产部门的劳动对象具有零价值或者"负价值"[①]性。为了方便分析,假定只有物质生产部门排放废弃物,且这些废弃物或者排放到自然生态系统中(其负价值用表示),或者排放到环境生产部门进行转化(其负价值用表示)。

二是加入废弃物后,物质与环境之间的循环过程包括(如图 4.2 所示):①从自然资源到资源类产品的生产循环过程;②从资源类产品到物质生产部门一般商品的生产循环过程;③从废弃物到生态环境类产品的生产循环过程。相应地,物质与环境之间的循环程度体现为:①环境生产部门转化自然资源的规模和效率;②物质生产部门利用环境产品的规模和效率;③环境生产部门转化废弃物的规模和效率。

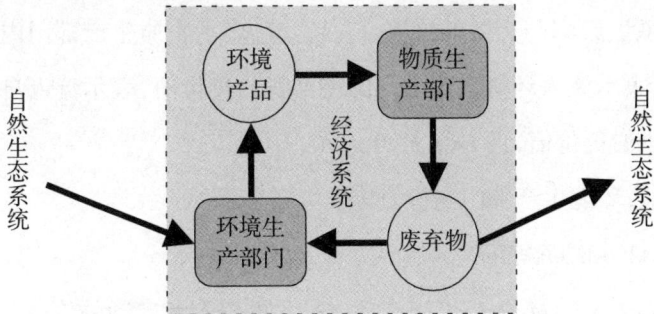

图 4.2　物质与环境的简单循环过程

三是从物质层面来看,物质生产部门在其生产和再生产的过程中所产生的产品包括:①用于同环境产品交换的生产资料和消费资料;②用于同物质生产部门内部交换的部分;③排放的废弃物。相应地,从价值层面来看也包括三个部分:①用于同环境生产部门交换的生产资料和消费资料的价值(用字母 SE 表示);②用于同物质生产部门内部交换的生产资料和消费资料

---

① 本书所提到的一种物品具有"负价值"是指这种物品具有负的使用价值或者负效用,在与其他商品进行交换时,所实现的"负价值"体现为必须向其他商品所有者支付等同于这个负价值绝对值大小的正的价值量。

的价值(用字母 SS 表示);③生产和再生产过程中排放的废弃物的"负价值"(用字母 F 表示)。

四是环境生产部门所生产的唯一的环境产品是作为物质生产部门的生产资料和消费资料,包括资源类产品、生态类产品和环境类产品三大类。环境生产部门需要将废弃物转化为环境产品,由物质生产部门产生并且流向环境生产部门的废弃物的负价值为 F_e,假定环境生产部门为了分解这些废弃物必须投入的资本和劳动为 E,那么最后的环境产品的价值将是: $E+F_e$。

根据以上四个假定条件,物质生产部门的价值构成可以表示为:

$$W_s=SE+SS+F \tag{4.5}$$

其中, $SE=C_{se}+V_{se}+M_{se}$, $SS=C_{ss}+V_{ss}+M_{ss}$, $F=F_e+F_r$, C_{se}、V_{se}、M_{se} 表示物质生产部门与环境生产部门交换的价值, C_{ss}、V_{ss}、M_{ss} 表示物质生产部门内部相交换的价值; F_e 表示流入环境生产部门的废弃物的负价值,表示流入自然生态系统的废弃物的负价值,且 $F<0$, $F_e<0$, $F_r<0$。

相应地,环境生产部门的价值构成可以表示为:

$$W_e=C_e+V_e+M_e+F_e=E+F_e \tag{4.6}$$

其中 $E=C_e+V_e+M_e$ 为环境生产部门投入的资本和劳动的价值总和。

根据物质生产部门与环境生产部门之间的物质循环关系,物质与环境部门的价值补偿应该满足下列等式:

$$W_e=E+F_e=S_e+F_e \tag{4.7}$$

(4.7)式中,第二个等式的左边表示环境产品的价值,右边表示物质生产部门用于同环境产品相交换的价值。该式表示物质与环境生产部门达到均衡时的条件,如果(4.7)式不能成立,比如若 $E+F_e>S_e+F_e$,则说明环境生产部门投入的劳动和资本过多,超出了物质生产部门对环境产品的需求,此时,虽然废弃物分解已经完成,但是由于废弃物的转化存在浪费资源的状况,故整个社会生产并没有达到最优水平。相反,若 $E+F_e<S_e+F_e$,则说明物质生产部

门对环境产品的需求大于环境生产部门所提供的环境产品,此时,环境生产部门投入不足,转化的废弃物数量过少,使得排放到自然生态系统中的废弃物增多,不利于社会生产,故整个社会同样未达到生产的最优水平。

如果我们将(4.7)式中的左右两边同时消去废弃物的附加值 F_e,则(4.7)式等价于下面的式子:$E=SE$。

即:$C_e+V_e+M_e=C_{se}+V_{se}+M_{se}$ (4.8)

(4.8)式与前文中所构建的循环模型得出的资源环境可持续再生产的前四个条件是一致的。除此之外,由于加入了废弃物,资源环境可持续再生产还必须满足排入自然生态系统中的废弃物的量 F_r 不能超出自然生态系统的自净能力。

三、生态与经济再生产循环度模型

下面我们从加入废弃物后物质与环境再生产的循环过程中推导资源环境可持续再生产的度量模型。由于第一个循环过程是指从自然生态系统经过环境生产部门转化为作为物质生产部门投入品的环境产品的过程,这个过程并不涉及真正的循环。相反,第二和第三个循环过程是从起点经过中间过程后又回到起点,因此下面对循环程度的度量主要针对后两个过程。

首先来看对第一个过程(从环境生产部门生产的环境产品经过物质生产过程后又以废弃物回流方式回到环境生产部门)的循环程度的度量。物质生产部门吸收环境生产部门提供的环境产品的价值为:$SE=C_{se}+V_{se}+M_{se}$,而物质生产部门向外界(包括环境生产部门和自然生态系统)排放的废弃物为:$F=F_e+F_r$。在这个过程中,循环程度越高,表明物质生产部门对环境产品的利用率越高、废弃物的排放率越低,综合这两个方面,我们将这个过程的循环度用下列公式进行度量:

$$\theta_s = \frac{SE}{|F| + SE} \tag{4.9}$$

物质生产过程的循环度 θ_s 表示所投入的环境产品的价值总额与废弃物排放量和环境产品价值之和的商。由于 $SE < |F| + SE$，所以物质生产过程的循环度 $0 < \theta_s < 1$。我们将(4.9)式右边分子分母同时除以 SE，可以得到：

$$\theta_s = \frac{1}{\dfrac{|F|}{SE} + 1} = \frac{1}{\varepsilon + 1} \tag{4.10}$$

其中，$\varepsilon = \dfrac{|F|}{SE}$ 为每单位资源使用的废物排放率，循环度 θ_s 与 ε 成反方向变动。物质生产过程的循环度 θ_s 不仅体现了单位资源使用的废弃物排放率，而且也在一定程度上(保持物质生产部门的产值不变)反映了资源的利用率和单位产值的废物排放率。

其次来看对第二个过程(从物质生产部门排放的废弃物经过环境生产过程后又以环境产品的形式回流到物质生产部门)的循环程度的度量。这个过程包括两个方面：

一是环境部门吸收物质生产部门排放废弃物的能力，体现的是废弃物转化或分解规模。由于物质生产部门排放的废弃物数量 F 中的 F_e 部分被环境生产部门吸收，而 Fr 部分直接排到自然生态系统中。因此，环境部门对废弃物的吸收度 θ^1_e 可以用下列公式进行度量：

$$\theta^1_e = \frac{|F_e|}{|F|} \tag{4.11}$$

同理，由于 $|F_e| < |F|$，$0 < \theta^1_e < 1$。环境部门的废物吸收度 θ^1_e 越大，说明通过环境部门转化或分解的废弃物占所有排放的废弃物总量越大，说明环境生产部门的吸收能力越强。当然，吸收度只是反映了环境生产部门的吸收规模，不能体现吸收的效率。比如同样的吸收能力，很显然环境生产部门投入

的劳动和资本越大说明吸收效率越低。因此,要想说明环境部门的循环度还需要从另一方面进行分析。

二是环境部门转化废弃物的效率,体现的是环境生产部门的分解和转化废弃物的技术水平和生产组织能力。由前面的分析可知,环境生产部门投入的劳动和资本的总价值为: $E=C_e+V_e+M_e$,转化的废弃物的负价值为 F_e。因此,我们可以用下列公式度量环境生产部门废弃物转化效率 θ^2_e:

$$\theta^2_e = \frac{|F_e|}{|F_e|+E} \tag{4.12}$$

由(4.9)式可知,环境生产部门的废弃物转化效率 θ^2_e 即为环境部门吸收的废弃物负价值的绝对值与环境生产部门的总价值之比。由于 $|F_e|<|F_e|+E$,转化效率 $0<\theta^2_e<1$。若将该式右边分子分母同除以 $|F_e|$,废弃物的转化效率又可以表示为:

$$\theta^2_e = \frac{1}{1+\dfrac{E}{|F_e|}} \tag{4.13}$$

其中 $\dfrac{E}{|F_e|}$ 为环境生产部门中作为劳动对象的废弃物总额与总投入之比,体现的是环境生产部门内部价值构成状况。

总和(4.11)式和(4.13)式,可以得到环境生产部门的循环度 θ_e 为:

$$\theta_e = \theta^1_e \cdot \theta^2_e = \frac{|F_e|}{|F| \cdot \left(1+\dfrac{E}{|F_e|}\right)} \tag{4.14}$$

到目前为止,我们已经对物质生产和环境生产部门的循环度进行了度量,其中(4.10)为物质生产的循环度,(4.14)为环境生产的循环度。最后,作为整个经济系统的循环程度,需要用一个综合指标进行度量。不过对于整个经济系统,必须全面考虑上文中提到的三个循环过程或三个方面。这里,我们为了得出一个综合性的指标,仅考虑后两个过程的情况,物质和环境循环度 θ 可以将物质生产循环度 θ_s 与环境生产循环度 θ_e 进行加权平均,其中,权重分别取各个部门的生产总值。因此,物质与环境的综合循环度 θ 可以用下列公式表示:

$$\theta=\frac{W_s}{W_s+W_e}\cdot\theta_s+\frac{W_e}{W_s+W_e}\cdot\theta_e \tag{4.15}$$

将(4.10)和(4.14)式代入上式可得:

$$\theta=\frac{W_s}{W_s+W_e}\cdot\frac{SE}{|F|+SE}+\frac{W_e}{W_s+W_e}\cdot\frac{|F_e|}{|F|\cdot\left(1+\dfrac{E}{|F_e|}\right)} \tag{4.16}$$

(4.16)式即为物质与环境的总和循环度的度量指标。由(4.16)式所确定的循环度的综合指标 θ 的大小说明了物质和环境可持续再生产的效率高低,θ 越大再生产越有效率,当 θ 较低时,此时再生产均衡在效率较低的情况下进行,本质上并非是可持续的。

四、利润率平均化的生态与经济再生产关系模型

现代市场经济是竞争经济,资本之间存在着相互流动和竞争的关系,作为生态与经济部门,竞争关系将会促使生态部门与经济部门之间相互协调,并且在市场机制中实现均衡发展。因此,在前文四个基本假定的基础上,为了与现实更加贴近,下面将从生产价格层面对生态与经济协调发展的再生产模型进行重新构建。也就是增加第五个假定条件。

假定 5:关于利润率平均化以及相关符号的假定。假定所有部门(包括生态部门和经济部门)均已实现了利润率平均化。平均利润率为 $\bar{r}$。此外,为了简化分析,将重点关注生态部门与经济部门之间的再生产交换关系,暂时忽略经济部门内部生产资料和消费资料的交换过程, 不考虑自然资源部门和

生态环境部门各自内部的交换过程，因此将经济部门作为单独的交换单位来看待。经济部门的价值（生产价格）构成表示为：$W_s=K_s+P_s$，自然资源部门的价值（生产价格）构成表示为：$W_n=K_s+P_s+W_{nr}$，生态环境部门的价值（生产价格）构成表示为：$W_e=K_e+P_e$。其中，W表示价值总量，K表示成本价格，P表示平均利润，s、n、e等下标表示不同部门。

由于略去经济部门、自然资源部门和生态环境部门内部各自的交换过程，此时，生态与经济部门之间的物质交换关系如图4.3所示。

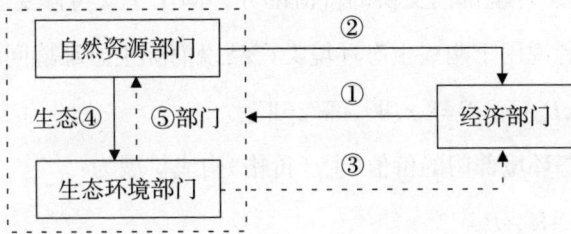

图4.3　生态部门与经济部门之间的物质交换关系①

（一）部门扩展的价值（生产价格）构成

在上述基本假定下，我们构建生态部门与经济部门的再生产关系基本模型。首先，在纳入生态部门之后，经济部门的价值（生产价格）构成扩展为：

$$W_s=K_{ss}+P_{ss}+K_{sn}+P_{sn}+K_{se}+P_{se} \tag{4.17}$$

其中，为经济部门内部交换生产资料和消费资料所需要的价值部分，包括成本价格和平均利润，$K_{sn}+P_{sn}$为经济部门用以同自然资源部门交换的价值部分，即用于购买和交换资源类产品，补偿经济部门生产资料消耗和生活消

---

① 图中数字标号表示生态与经济部门物质交换关系，其中①表示经济部门向生态部门提供的普通生产和消费资料，②表示自然资源部门向经济部门提供的资源类产品，③表示生态环境部门为经济部门提供的生态类和环境类产品（虚线表示非实物产品），④表示自然资源部门向生态环境部门提供的资源类产品，⑤表示生态环境部门向自然资源部门提供的生态类和环境类产品（虚线表示非实物产品）。

费所需的价值,$K_{se}+P_{se}$为经济部门用以同生态环境部门交换的价值部分,即用于支付修复生态和治理污染的费用,或者说用于购买生态环境类产品以消除生态环境问题。[①] (4.17)式中,$K_{ss}+K_{sn}+K_{se}=K_s$,$P_{ss}+P_{sn}+P_{se}=P_s=K_s\bar{r}$。

其次,自然资源部门的价值(生产价格)构成扩展为:

$$W_n=K_{ns}+P_{ns}+W^s_{nr}+K_{ne}+P_{ne}+W^e_{nr} \tag{4.18}$$

其中,$K_{ns}+P_{ns}+W^s_{nr}$为自然资源部门用以同经济部门交换的价值部分,即用于购买经济部门的生产资料和消费资料的价值。$K_{ne}+P_{ne}+W^e_{nr}$为自然资源部门用以同生态环境部门交换的价值部分,即用于支付修复生态和治理污染的费用,或者说用于购买生态环境类产品以消除生态环境问题。(4.18)式中,$K_{ns}+K_{ne}=K_n$,$P_{ns}+P_{ne}=P_n=K_n\bar{r}$,$W^s_{nr}+W^e_{nr}=W_{nr}$。

最后,生态环境部门的价值(生产价格)构成扩展为:

$$W_e=K_{es}+P_{es}+K_{en}+P_{en} \tag{4.19}$$

其中,为生态环境部门用以同经济部门交换的价值部分,即用于购买经济部门的生产资料和生活资料的价值。$K_{en}+P_{en}$为生态环境部门用以同自然资源部门交换的价值部分,即用于购买和交换资源类产品的价值。(4.19)式中,$K_{es}+K_{en}=K_e$,$P_{es}+P_{en}=P_e=K_e\bar{r}$。

(二)生态与经济部门再生产的实现条件

根据前面的假定条件以及(4.17)、(4.18)、(4.19)式,三部门之间的再生产要顺利实现,在价值量应该满足如下条件:

$$K_{sn}+P_{sn}=K_{ns}+P_{ns}+W^s_{nr} \tag{4.20}$$

$$K_{se}+P_{se}=K_{es}+P_{es} \tag{4.21}$$

$$K_{ne}+P_{ne}+W^e_{nr}=K_{en}+P_{en} \tag{4.22}$$

---

① 经济部门用以购买生态环境类产品的形式有两种:一种是经济生产单位自身修复和治理生态环境污染;一种是由专门的生态环境部门进行生态修复和污染治理,经济部门"购买服务"。

(4.20)式为经济部门与自然资源部门相互交换需要满足的条件,即经济部门为自然资源部门提供的生产资料和生活资料价值总和与自然资源部门为经济部门提供的资源类生产和消费资料价值总和相等;(4.21)式为经济部门与生态环境部门相互交换需要满足的条件,即经济部门为生态环境部门提供的生产和生活资料价值总和与生态环境部门为经济部门提供的修复生态治理环境的价值总和相等;(4.22)式为自然资源部门与生态环境部门相互交换需要满足的条件,即自然资源部门为生态环境部门提供的资源类生产和消费资料价值总和与生态环境部门为自然生态部门提供的修复生态治理环境的价值总和相等。

此外,(4.20)式和(4.21)式等式两边相加,可以得到:

$$K_{sn}+P_{sn}+K_{se}+P_{se}=K_{ns}+P_{ns}+W^s_{nr}+K_{es}+P_{es} \tag{4.23}$$

(4.23)式就是经济部门与生态部门之间再生产需要满足的总量关系,一方面,经济部门需要生态部门提供的资源类产品作为生产和生活资料,另一方面,需要生态部门对其产生的生态破坏和环境污染进行修复和治理。这是生态与经济之间保持协调发展的必要条件。当然,由于生态部门内部需要进行资源类和生态环境类产品的交换,因此生态部门内部也要保持一定的比例关系。

进一步的研究可以发现,纳入生态因素的再生产理论模型,在平均利润率和相关技术特征给定的条件下,可以形成部门之间的增长比例关系和决定自然资源虚拟价值的大小。

第三节　基于再生产理论的劳动与生态关系模型

劳动力作为生产过程中最具有能动性的要素,是价值创造的源泉。劳动力在参与商品生产和市场经济运行的过程中与自然发生联系。劳动力本身再生产环节是社会总产品再生产的重要组成部分,没有劳动力持续的生产,经济活动就无从谈起。本节将从劳动过程和劳动力再生产过程(消费过程)入手,对劳动与生态的关系进行深入分析,剖析劳动的生态逻辑路径。

一、劳动力参与社会生产的生态路径

劳动力参与社会生产通过劳动过程体现出来,劳动过程将劳动者与生产资料和自然条件紧密结合在一起。劳动过程包括"目的实现的对象化活动"和"作为物质转换的自然过程"两重含义。[①]相应地,劳动过程与生态环境的关系存在正向生态关系和逆向生态关系两个方面。

(一)劳动与生态之间关系的相关研究

劳动与生态或者人与自然的关系向来是经济学、哲学和生态学研究的重要方面。马克思在《神圣家族》《关于费尔巴哈的提纲》《德意志意识形态》和《资本论》等著作中都探讨了人与自然的关系,《1844年经济学哲学手稿》更是奠定了马克思关于人与自然关系的生态哲学的理论基础。在马克思看来,人与自然之间既是统一的也是对立的。他说:"自然界,就它不是人的身体而言,是人的无机的身体,人靠自然界生活。"[②]在这种关系中,劳动起到了关键的作用,劳动是人与自然的中介。他同时又认为,人从原始的人与自然的合为一体中分离出来从而区别于动物,人与自然界的关系于是就以一种对立的方式展开了。而且马克思注重从劳动异化的角度理解人与自然的对

---

① 参见韩立新:《马克思主义生态学与马克思的劳动过程理论》,郇庆治编:《重建现代文明的根基:生态社会主义研究》,北京大学出版社,2010年。

② 马克思:《1844年经济学哲学手稿》,人民出版社,2008年,第56页。

立性,他认为人与自然的异化其实也是人自身的异化,是劳动异化的必然结果。

马克思之后的许多西方马克思主义者,如马尔库塞、阿格尔、威廉·莱斯等人则对消费环节的生态异化进行了深入的研究,认为是消费异化和不合理的消费方式导致了人与自然关系的紧张。生态马克思主义者如福斯特、詹姆斯·奥康纳、佩珀、高兹等学者则认为生态问题的根源是资本主义的雇佣劳动制度。卡逊在《寂静的春天》(1962)一书中从消费过程带来的大量污染引起生态失衡、破坏自然生态价值出发,肯定了自然本身的内在价值,否定了传统的以人类为中心的价值观。罗马俱乐部在《增长的极限》(1972)一书中则认为受生态环境破坏的影响,生产过程和经济增长将达到极限。

近年来,国内学者也对劳动与生态、人与自然的关系进行了大量的研究。具有代表性的如刘仁胜(2007)、徐艳梅(2007)、郭剑仁(2008)、曾文婷(2008)、王雨辰(2009)、韩立新(2010)、倪瑞华(2011)、徐海红(2012)等。其中,韩立新(2010)从哲学角度探讨了马克思劳动过程理论的生态学问题,分析了"目的实现"和"物质代谢"两个方面的劳动过程与生态的关系。[1]徐海红(2012)从劳动与文明的关系切入,确认生态劳动在生态文明中的本体论价值,运用哲学方法,对生态劳动基础上的生态文明基本规定性和表现形态展开研究。[2]

从我们掌握的文献来看,大部分学者都是从哲学和生态学的角度来研究劳动与生态、人与自然之间的关系,较少从经济学角度分析市场经济条件下劳动与生态环境的相互关系;这些研究大多数只是对人与自然的生态哲学思想和理论层面进行分析,较少从数量关系对劳动与生态的物质循环和

---

[1] 参见韩立新:《马克思主义生态学与马克思的劳动过程理论》,郇庆治编:《重建现代文明的根基:生态社会主义研究》,北京大学出版社,2010年。

[2] 参见徐海红:《生态劳动与生态文明》,人民出版社,2012年。

价值交换进行分析;他们注重将劳动与生态纳入人与自然的广泛视角进行研究,而较少关注劳动过程与劳动力再生产过程的生态联系。马艳(2012,2014)基于马克思劳动价值理论视角,提出资源环境领域中"负价值"概念,为马克思主义生态经济研究提供了量化分析的基础。[①]

(二)劳动过程的正向生态关系

劳动过程是人类与自然相互交换物质,即物质代谢的过程。正如马克思所认为的人与自然是对立统一的关系。自然有一个人化过程,人也有一个自然化的过程。两者是有机统一的。自然的人化是指人类以自身的需要出发来改造自然,人的自然化是指人类以物的尺度来改造自己。为了避免人与自然的对立,就需要人们在劳动实践过程中既要遵循人的尺度又要遵循物的尺度,在实践活动过程中实现两者的统一。不过马克思认为人的自然化和自然的人化只有在共产主义社会才能真正统一,人和自然的和谐才能全面实现。马克思指出:"自然界的人的本质只有对社会(指共产主义社会)的人来说才是存在的,因为只有在社会中,自然界对人来说是人与人联系的纽带,才是他为别人的存在和别人为他的存在,只有在社会中,自然界才是人自己的人的存在的基础,才是人的现实的生活要素。只有在社会中,人的自然的存在对他来说才是自己的人的存在,并且自然界对他来说才成为人。因此,社会是人同自然界的完成了的本质的统一,是自然界的真正的复活,是人实现了的自然主义和自然界的实现了的人道主义。"[②]

回溯历史,在资本主义以前,由于生产力的限制,人类对自然的破坏还是有限度的,而且自然本身也有其强大的自然力(相对于那时的人类生产

---

① 参见马艳等:《资源环境领域中"负价值"的理论界定与应用模型》,《财经研究》,2012 年第 11 期;马艳等:《虚拟价值理论与应用》,上海财经大学出版社,2014 年。

② 马克思:《1844 年经济学哲学手稿》,人民出版社,2008 年,第 83 页。

力），这个自然力具有自组织的修复能力，所以即使有一些破坏也能够修复。因此，人们对自然的开发和利用并没有造成像近现代这样的生态危机。总体而言，人与自然的和谐是普遍存在的，不过是低水平的存在。像陶渊明所描述的桃花源就是这样一个人与自然相和谐的社会，在古代的农村社会这样的情况应该普遍存在。

历史发展进入资本主义社会以后，人类改造自然的能力得到了空前的增长，对自然的破坏从人类能力角度来说变得更加容易，大家所熟知的原子弹甚至可以毁灭整个地球。再加上资本主义社会一切以利润最大化为目标，把自然环境当作可以无限榨取利润的对象，所以生态问题的出现也在所难免。因此历史进入近代以来，整体而言劳动过程的正生态逻辑效应是在减少。不过从局部看，人们在发展生产力的同时又提升了环境的例子也是不少的。国外如以色列通过滴灌技术不仅发展了沙漠农业还改善了所生存的自然环境，在发明滴灌技术以来，以色列的用水一直稳定在 13 亿立方米，但农业产量却翻了 5 翻。在我们当今中国也不乏经济效益和生态效益都双赢的例子，如浙江奉化的滕头村，2009 年，全村实现 GDP6.09 亿元，利税 4.22 亿元，但经济效益的丰收并没有以破坏环境为代价，相反，滕头村与此同时还大力改善了生存的环境，被联合国评为"世界十佳自然村"，实现了经济效益和生态效益的双丰收。

总而言之，劳动过程的正生态逻辑效应大概就是这样的一个过程，人们在自然的可承受能力之内进行生产生活，在这个劳动过程中，人们在发展生产力的同时对于环境的影响是有限的，所以劳动过程不会造成生态问题。还有更进一步的是，人们通过劳动不但发展了生产力，并且遵循自然规律充分利用自然力，使自然变得更加适合人的生活。也就是说，人在发展自身的同时也改善了自身所处的生态环境，使得自然环境变得友好，人与自然由此和谐共进。

(三)劳动过程的逆向生态关系

在资本主义条件下,劳动过程产生劳动异化,即劳动者感到自己失去对自己从事的劳动的控制。劳动异化必然带来劳动的生态异化,使劳动屈从于资本主义生产的目的,对生态系统造成破坏,影响可持续发展。在人类的历史上,资本主义的大生产使得物质生产极大丰富,同时又制造了严重的生态危机。正如上文所言,一是由于在资本主义下人类能力得到了极大的提高,当然对自然的破坏能力也是得到了极大的提高。另一方面,就是资本主义的生产一切以利润最大化为出发点,完全不顾自然的承受能力,不断地压榨自然。结果使得自然反过来报复我们。正如恩格斯曾说过的那样,"我们不要过分地陶醉于我们对自然界的胜利,对于每一次这样的胜利,自然界都报复了我们"[①]。

由于对自然的不当开发,人类劳动对自然造成大规模破坏的例子比比皆是乃至触目惊心。20世纪30年代,一场人类历史上规模罕见的沙尘暴袭击了大半个美国。当时,沙尘暴肆虐美国达10年之久,被后人称为"历史上三大人为生态灾难"之一。这次沙尘暴涉及美国20多个州,占美国75%的领土,100多万英亩肥沃的农田变成了沙漠,1934年小麦就减产52亿公斤。其根源就在于19世纪60年代以来,拓荒者大量涌入西部,无节制地开垦和放牧造成了地表土的大量流失,从而生态原有的平衡被严重破坏。正像恩格斯所言,大自然开始反过来报复了我们人类。

劳动创造价值,然而人们却不尊重自然,向自然无度索取的劳动会产生严重的生态问题,如不加处理就会对我们的生产带来低效率的影响,特别是农业生产,比如大量排污会导致渔业资源大量减少,像上文提到的如此严重

---

① 《马克思恩格斯全集》(第20卷),人民出版社,1971年,第519页。

的美国沙尘暴更是对农业生产造成了严重的损失，这些都会导致劳动所创造的价值变小，这就是一种无效劳动。另外，生态恶化也会对劳动者自身的身体产生损害，为了弥补这种损害，事后又得投入新的劳动力以修复这种损害，这样就会带来额外劳动，不管是无效劳动还是额外劳动都带来了劳动的异化。劳动的越多，劳动所创造的价值却不会增加，反而还会减少。

因此，我们可以这样描述劳动过程的逆生态逻辑效应：人们在劳动过程中，不顾自然的承受能力，以为自然力可以自组织地修复一切对环境的破坏，在企业或个人获得了其局部利益或短期利益以后，给我们的生存环境造成了大的难以修复的破坏，这种破坏反过来影响了我们自身的生产和生活。

二、基于生态关系的劳动力再生产过程

劳动过程既是使用价值的生产过程，也是劳动力的耗费过程。社会生产的持久性意味着劳动力必须得到持续和发展，"劳动力所有者今天进行了劳动，他应当明天也能够在同样的精力和健康条件下重复同样的过程"①。劳动力的恢复、更新和发展即为劳动力的再生产过程。劳动力再生产既包括现在一代劳动者体力和智力的不断恢复、更新和增强，又包括新一代劳动力的不断教育、培训和补充。"生产劳动力所必需的生活资料的总和，要包括工人的补充者即工人子女的生活资料，只有这样，这种特殊商品所有者的种族才能在商品市场上永远延续下去。"②由此可见，劳动力再生产过程就是劳动者消费生活资料的过程。

---

① 《资本论》（第一卷），人民出版社，2004 年，第 194 页。
② 同上，第 195 页。

(一)劳动力再生产过程的正向生态关系

劳动力再生产本质上是人的体力和智力的修复和发展过程，是进行社会再生产的前提条件，也是市场经济良性运行和经济社会持续发展的基础。因此，劳动力再生产过程的正生态逻辑是其内在要求。劳动力再生产过程即消费过程的正生态逻辑体现在消费过程性和消费目的性两个方面。

第一，消费过程性的生态逻辑是指劳动者将生态消费贯穿于生活资料的消费过程之中的逻辑路径。在市场经济条件下，劳动作为谋生的手段，是一种精神和体力的消耗，是机能的耗费。相比来说，消费则是一种补给和休养。从广义层面来看，所有消费都是享受型消费。消费既然是一种享受，需要在良好的生态环境下进行，这必然要求消费是一种适度消费，而不是无限制的消费。市场经济条件下适度消费存在两条逻辑路径：首先是市场经济对人的消费需求的限制。市场经济中的需求是具有购买力的需求，需求受到劳动者收入水平的限制。因此，市场可以通过购买力的调整和市场机制将人们的消费过程导向生态消费模式；其次是生态伦理对人的消费需求的约束。随着社会经济的发展，人在满足基本生存需求的同时，更多地关注精神需求，而生态环境保护既是人满足精神需求的手段，也是人的更高层次需求的目的所在。总之，消费过程性的正生态逻辑内在地要求劳动力再生产过程建立在人与自然和谐发展的适度消费基础之上。

第二，消费目的性的生态逻辑是指劳动者将提高自身健康水平和综合素质作为目的，从而要求走绿色消费的逻辑路径。在市场经济条件下，消费是人的生命存在和活动的首要条件，是确保劳动力再生产的必备条件。"消费生产出生产者的素质，因为它在生产者身上引起追求一定目的的需要。"[①]

---

① 《马克思恩格斯全集》(第12卷)，人民出版社，1974年，第743页。

这一目的不仅要保证劳动者的体力和智力得到恢复,能够进行再生产活动,而且要使劳动力得到进一步的发展和提高。劳动力再生产所消费的生活资料都直接和间接地来自自然界,劳动力的恢复和发展都需要从自然界汲取资源。因此,生活资料本身的质量进而自然资源的好坏直接关系到劳动力再生产能否顺利进行,甚至关系到劳动生产率和生产效率的高低。正如马克思所强调的:"绝对必需满足的自然需要的数量越少,土壤自然肥力越大,气候越好,维持和再生产生产者所必需的劳动时间就越少。"[①]劳动力再生产和劳动者素质的提高与自然生态环境紧密相关,决定了消费对象和消费环境的无污染性。总之,消费目的性的正生态逻辑要求劳动力再生产过程建立在保护劳动者健康权益的绿色消费基础之上。

(二)劳动力再生产过程的逆向生态关系

劳动力再生产过程(即消费过程)的逆生态逻辑表现为消费的生态异化,即在消费过程中引起对生态环境的负面影响和由此造成劳动者机体健康的负面影响。与正生态逻辑相对应,劳动力再生产过程的逆生态逻辑也可以从消费的过程性和消费的目的性两个角度进行分析。

1. 从消费的过程性来看,消费膨胀和不合理的消费方式会对生态环境造成很大的破坏,体现为消费过程的生态异化

消费过程的生态异化表现为消费主体以追求个人主观欲望为消费的出发点,而非物品的使用价值和实际功能,以获得欲望的直接满足为目的,而不顾及消费副产品的产生,由此带来消费膨胀和不合理的消费方式,造成环境破坏和生态危机。

在市场经济条件下,消费膨胀所带来的生态环境危机的逻辑路径表现

---

① 《资本论》(第一卷),人民出版社,2004年,第560页。

为以下三个方面:一是无节制的消费加速了资源的消耗,破坏了生态平衡;二是野蛮的消费需求破坏了生物多样性和自然景观,人类的自然家园遭到毁坏;三是消费欲望的膨胀通过带动工业发展而加剧环境污染。正如拉夫尔所指出的:"消费问题是环境危机问题的核心,人类对生物圈的影响正在产生着对于环境的压力并威胁着地球支持生命的能力。从本质上说,这种影响是通过人们使用或浪费能源和原材料所产生的。"①

不合理的消费方式使得消费本身也会对生态环境造成破坏。比如生活垃圾的大量产生而得不到及时处理就会对环境产生破坏,特别是像那些含重金属或靠大自然不宜分解的生活垃圾更是如此。再如汽车的大量使用使得大自然承受着尾气排放的代价等等。总之,跟生产领域一样,不合理的消费方式同样可以破坏生态环境。

2. 从消费的目的性来看,污染性的消费对象和消费环境使得劳动力再生产维持在一个较低水平,甚至影响了劳动力再生产的顺利进行,体现为消费目的的生态异化,即由于环境污染影响,消费客体自身因素发生了异化,无法达到消费主体的预期目的

劳动力再生产的原本目的是为了获得劳动力的恢复和发展,保障劳动者的健康水平,使得劳动者的生存和发展状态有所改善。如果劳动者是在具有污染的消费环境下进行消费或者消费了包含污染的生活资料,那么原本的劳动力再生产的目的就无法实现,或者需要耗费更多的成本进行补偿。从劳动者个人的角度来说,付出了大的财富代价并没有得到相应的真实效用,如低质量的产品给人带来副作用,失去或减少了本身的效用;从企业角度来说,意味着付出的劳动力工资代价无法获得劳动力作用的正常发挥,甚至加大对劳动力工资补偿也无法挽回正常的劳动条件。这与马克思在阐述对劳

---

① [圭亚那]施里达斯·拉夫尔:《我们的家园——地球》,夏堃堡等译,中国环境科学出版社,1993年,第13页。

动力过度剥削的危害是一样的:"与工作日的延长密不可分的劳动力的更大损耗,在一定点内,可以用增多的报酬来补偿。超过这一点,损耗便以几何级数增加,同时劳动力再生产和发挥作用的一切正常条件就遭到破坏。"[①]

三、劳动过程与劳动力再生产的生态闭环

劳动力通过劳动过程和劳动力再生产过程(消费过程)与生态环境相关联,而劳动过程与劳动力再生产过程本身也是密切相关的。劳动过程与劳动力再生产过程的相关性表现为生产和消费的关系,正如马克思所概括的:"生产决定着消费:一是由于生产为消费创造材料;二是由于生产决定消费的方式;三是由于生产通过它起初当作对象生产出来的产品在消费者身上引起需要。因而,它生产出消费的对象,消费的方式,消费的动力。同样,消费生产出生产者的素质,因为它在生产者身上引起追求一定目的的需要。"[②]

(一)劳动过程和劳动力再生产的物质闭环

上文劳动过程和劳动力再生产过程的生态逻辑表明,两个过程均与生态环境之间存在着紧密的联系,为了更加全面探讨劳动的生态逻辑,需要将两个过程置于同一框架下进行分析(如图4.4所示)。

---

① 《资本论》(第一卷),人民出版社,2004年,第575~576页。
② 《马克思恩格斯全集》(第12卷),人民出版社,1974年,第742~743页。

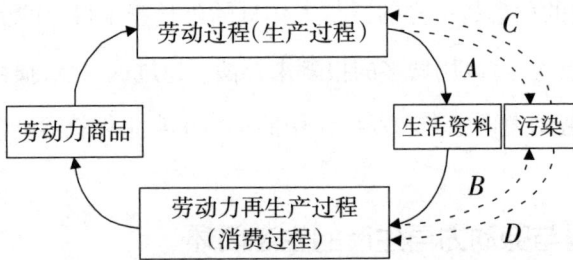

图 4.4　劳动过程和劳动力再生产过程的生态闭环

劳动过程从物质生产来看即为生产过程，为劳动力再生产环节生产生活资料，而劳动力再生产过程，即消费过程，为生产过程生产"生产者素质"，即劳动力商品。正如前文的生态逻辑分析所表明的，在这两个过程中，都会带来环境污染或生态破坏（如图 4.4 虚线箭头 A 和 B 所示）。反过来，污染对劳动过程和劳动力再生产过程均会产生消极影响（如图 4.4 虚线箭头 C 和 D 所示）。

首先，环境污染和生态破坏导致生产过程不能获得充足的能源资源，引起生产成本上升。此外，环境污染也会使生产环境遭到破坏，劳动者无法有效地发挥劳动力的作用，影响生产效率。

其次，环境污染和劣质消费品会使劳动力再生产不能正常进行，劳动者的体力和智力不能得到完全恢复，发展就更谈不上。由此引起劳动力的使用价值贬损，进入劳动过程又会影响生产效率。

（二）劳动过程和劳动力再生产的价值闭环

在分析价值闭环之前，首先需要对假定条件进行设定：

（1）劳动过程将生产出供劳动力再生产的生活资料（用下标 x 表示）和其他产品（用下标 s 表示），而环境污染和生态破坏对劳动过程的影响是通过降低劳动效率实现的，即整个社会的剩余价值或利润将下降。

（2）劳动过程和劳动力再生产过程中会产生出对生态环境有破坏作用的

污染物（用下标 r 表示），假定这里的污染物指的是超出自然净化范围的部分，自然可净化的污染不在其中，污染物以"负价值"（用字母 F 表示）进入价值闭环。

（3）将劳动力再生产过程决定的劳动力价值区分为劳动力内涵价值（用字母 $\hat{V}$ 来表示）和劳动力外延价值。劳动力内涵价值是指包含了再生产劳动力所需的生活资料的价值和污染物的负价值。劳动力外延价值只包括生活资料的价值。

（4）劳动力进入生产过程，真正发挥作用的是劳动力内涵价值。包含污染负价值的劳动力内涵价值和生态环境破坏对劳动过程的影响一样，降低劳动效率，使得社会剩余价值或利润下降。

接下来分析正生态逻辑和逆生态逻辑两种状态下的价值闭环。

在以上假定条件下，劳动力再生产所需消费资料的价值构成为：

$$V=C_x+V_x+M_x$$

受污染影响的劳动力再生产过程的价值构成情况可以表示为：

$$\hat{V}=C_x+V_x+M_x+F_r$$

其中，$\hat{V}$ 为劳动力内涵价值，F_r 为劳动过程和消费过程中产生的总污染物的负价值（$F_r<0$）。在存在污染的情况下，劳动力内涵价值小于劳动力外延价值，即 $\hat{V}<C_x+V_x+M_x=V$。

劳动过程的价值构成可以表示为：

$$W=C_s+C_x+V_s+V_x+M_s+M_x+\Delta M_1(F_r)+\Delta M_2(\hat{V}) \tag{4.24}$$

其中，$C_s+V_s+M_s$ 是除了劳动力再生产的生活资料之外的其他商品的价值，社会剩余价值 $M=M_s+M_x+\Delta M_1(F_r)+\Delta M_2(\hat{V})$。$\Delta M_1(F_r)<0$ 是污染对劳动过程中剩余价值的负面影响，由于 $F_r<0$，因此 $\dfrac{d\Delta M_1}{dF_r}>0$，表明随着污染的增加，社会剩余价值 M 会下降。$\Delta M_2(\hat{V})<0$ 是消费了污染产品的劳动力对劳动过程中

剩余价值的负面影响,且 $\dfrac{d\Delta M_2}{d\hat{V}}<0$,表明随着劳动力内涵价值下降,社会剩余价值也会下降。

(4.24)式中既包含了图4.4左边的劳动力商品的价值($\hat{V}$),也包含了图4.4右边的污染物的负价值(F_r)和生活资料的价值(V),因此代表了整个生态价值闭环的总公式,表明价值在生态闭环中的循环和相互关联性。

在正生态逻辑条件下,劳动过程和劳动力再生产过程均不存在对环境的污染和对生态的破坏,此时 $F_r=0$。甚至在一定条件下,会出现提高劳动效率的生态效应,此时就不是污染负价值,而是对生产和消费均有正面作用的环境产品,[①]$F_r>0$。在这种情况下,劳动力再生产过程中,劳动力内涵价值将大于劳动力外延价值($\hat{V}>V$),而劳动过程中,由于 $\Delta M_1>0$,$\Delta M_2>0$,社会剩余价值 M 将会增加,这意味着经济效益与生态效益处于良性循环状态。

在逆生态逻辑条件下,劳动过程和劳动力再生产过程均会造成环境污染和生态破坏,此时 $F_r<0$,且随着污染和破坏程度加强,负价值也会增加。根据污染对劳动过程和劳动力再生产的影响机制,劳动力内涵价值 $\hat{V}$ 将会下降,最终会对生产过程造成双重的负面影响,使得社会剩余价值 M 下降,这将进一步造成社会成本被压缩,加大对生态的破坏。这意味着经济效益和生态效益处于恶性循环状态。

通过以上分析,我们认为劳动力作为商品生产和市场经济运行的基本要素,劳动过程和劳动力再生产过程(消费过程)与生态环境产生关联,且存在正向生态逻辑和逆向生态逻辑两条逻辑路径。在正向生态逻辑下,通过劳动过程和劳动力再生产过程对生态环境的保护和资源能源的合理使用,对社会生产产生双重正面影响,形成经济效益和生态效益的良性发展状态;在

---

① 关于环境产品在物质生产中的作用可以参见程恩富、马艳主编:《高级现代政治经济学》,上海财经大学出版社,2012年,第256页。

逆向生态逻辑下，劳动过程和劳动力再生产过程对生态环境破坏和资源能源的不合理使用，对社会生产产生双重的负面影响，形成经济效益和生态效益的恶性发展状态。劳动过程和劳动力再生产过程在物质交换和生态制约下形成紧密相关的闭环，使得正逆生态逻辑体现得更为充分，经济和生态之间的正反馈效应更强。

因此，在市场经济条件下，需要通过制度创新和观念创新，如积极利用市场的资源配置作用，构建生态价值补偿机制，倡导生态消费和绿色消费观，加快"两型"社会建设等，使劳动过程和消费过程中的逆向生态逻辑向正向生态逻辑转化，经济效益和生态效益良性发展，真正做到人与自然和谐发展。

第五章 生态与经济协调发展的绿色产业体系

党的十九大报告强调指出："我们要建设的现代化是人与自然和谐共生的现代化，既要创造更多物质财富和精神财富以满足人民日益增长的美好生活需要，也要提供更多优质生态产品以满足人民日益增长的优美生态环境需要。"[1]满足人民对优美生态环境的需要，关键在于解决人与自然之间发展的不平衡性，坚持绿色发展，做到人与自然和谐共生。这需要从供给角度发展绿色技术，实现产业绿色化，正如党的十九大报告中所指出的，推动绿色发展，要求构建以市场为导向的绿色技术创新体系，发展绿色金融，壮大节能环保产业、清洁生产产业、清洁能源产业。推动生态与经济协调发展，实现绿色发展的关键是形成绿色产业体系，真正贯彻绿水青山就是金山银山的生态理念。绿色产业体系需要绿色技术体系和绿色金融作为重要支撑，同时积极发展低碳经济和循环经济，发展新能源产业，以此将绿色化渗透到产

---

① 习近平：《决胜全面建成小康社会 夺取新时代中国特色社会主义伟大胜利》，人民出版社，2017年，第50页。

业发展当中,推动产业体系的绿色化发展。

第一节　绿色金融推动下的绿色技术创新体系

绿色技术是绿色发展的基础和前提,也是未来科技创新的主要方向和发展趋势。在现代市场经济条件下,绿色技术创新和发展的主体是企业,而企业的技术创新离不开资金的支持。但是资本的趋利性动机决定了绿色技术难以与传统金融有效融合,因此发展绿色金融成为绿色技术创新的源泉。

一、绿色经济体系建设关键在于绿色技术创新

现代化经济体系是党的十九大报告提出的我国经济建设的重要发展战略目标,将绿色发展理念贯穿其中,就是要建立健全绿色低碳循环发展的经济体系(简称"绿色经济体系")。绿色经济体系包含多要素、多环节、多领域的绿色化,但绿色技术是绿色经济体系的基础和前提。绿色经济体系的建设离不开绿色技术的创新和发展,这是由社会生产各个环节的相互作用决定的。

(一)绿色技术决定和支配着绿色经济体系的各个环节

绿色经济体系即绿色经济中各要素、各环节、各领域相互联系、相互依赖、相互融合所形成的综合体。绿色经济体系的构成要素包括人、物质资料、自然、技术、市场、制度等,绿色经济体系的运行环节包括生产、分配、交换和消费等,绿色经济体系包含的产业领域包括农业、工业和服务业等。

从经济体系运行的各个环节来看,生产起到决定和支配消费、分配和交换等这些环节。马克思在《〈政治经济学批判〉导言》中阐述了经济运行的四

个环节的相互关系,认为"生产既支配着生产的对立规定上的自身,也支配着其他要素"①。生产不仅决定和支配其他环节,而且也决定各个不同环节之间的相互关系。马克思指出:"一定的生产决定一定的消费,分配,交换和这些不同要素相互间的一定关系。"②当然,其他各个环节也对生产起着一定的反作用。理解这一点,也是理解供给与需求之间关系的关键所在。从经济体系的构成要素来看,人的要素具有主观能动性,在生产和发展中起到主动作用。但对于现代经济体系来说,技术才是核心和关键。马克思强调科学技术是生产力和社会发展的强大动力,邓小平(1988)提出"科学技术是第一生产力"的重要论断。技术对生产发展和现代化经济体系的构建至关重要,技术通过渗透到经济体系的各个构成要素中,对整个经济发展和生产力水平提高起到乘数作用、先导作用和加速作用。

同样地,以绿色技术为主要标志的绿色生产是绿色经济体系的主要内容和基础条件。绿色经济以实现人与自然和谐共生,经济社会与生态文明协同发展为根本目标,以效率、协调、绿色、持续为基本特征,以生态农业、循环工业和绿色服务产业为基本内容,是现代化经济体系的重要组成部分,也是未来经济社会发展的基本趋势。现代市场经济体制下,企业是市场的重要主体,构建绿色经济体系的关键在于解决企业绿色生产的动力源,形成企业绿色生产的内生动力机制。企业的生产和技术状况决定了绿色经济体系的各个构成要素以及各个环节的顺利运行,绿色技术及其创新体系是企业进行绿色生产的不竭动力。因此,从根本上来说,发展绿色经济,构建绿色经济体系,需要绿色技术的发展与创新。

---

① 《马克思恩格斯选集》(第二卷),人民出版社,2012 年,第 82 页。
② 同上,第 83 页。

(二)绿色技术以消除技术负外部性为其存在依据

绿色技术(Green Technology)这一概念较早源自 20 世纪六七十年代西方国家工业化过程中的社会生态运动。①是指在遵循生态经济规律的前提下,以节约资源和能源、减轻或消除环境污染、提高资源利用效率为特征的生产技术、工艺和产品的总称。随着工业化过程中环境污染的逐渐恶化,全球生态危机逐渐显现,生态环境问题日益成为人们关注的焦点。联合国提出实施可持续发展战略,各国也积极做出响应,开展以绿色技术为前提,以新能源开发和环境污染治理为具体措施的可持续发展行动。

绿色技术的概念和理念之所以在全球引起广泛关注和达成基本共识,不仅在于现实环境的需要,更为重要的是人们对传统技术的反思。技术通过提高劳动生产率,实现以较少的投入带动较大产出的经济效益,为社会带来更大财富。科技应用于生产的最终目的应该是服务于人,但是人在利用技术的过程中会引起技术异化。技术的异化即技术作为人的属性、作为服务于人的特性发生了排斥于人、有害于人的变化,"一旦人利用工具去获取'身外之物',它就开始丧失其自然的本质,从自然的人(真人)走向工具的人。一部技术史,实际上就是一部人类自我背叛、自我异化的历史"②。也就是说,技术具有二重性,即在提高人类生产效率和增加物质生活满足的同时,也会削弱甚至毁灭人类赖以生存的生态条件。

从经济学的角度来看,技术的异化就是技术的"负外部性"。技术在带来经济利益的同时,也会产生环境成本。这部分环境成本并不由技术应用者独立承担, 而是由整个社会来共同承担, 由此造成私人成本与社会成本的差

---

① 参见王伯鲁:《"绿色技术"概念析》,《环境教育》,1996 年第 4 期。

② [法]贝尔纳·斯蒂格勒:《技术与时间:爱比米修斯的过失》,裴程译,译林出版社,2000 年,第 339 页。

异,必然引起技术的广泛应用以及生产规模的扩大,最终结果就是技术带来经济效益的同时也造成了生态危机。因此,发展绿色技术,本质上就是要消除传统技术带来的生态"负外部性",避免技术异化,使得技术真正为人类所服务。绿色技术有利于促进人与自然的和谐共生,有利于促进人类社会的可持续发展,是未来科学技术发展的必然趋势。

(三)绿色技术创新是推动绿色经济体系建设的关键

绿色技术是对传统技术的改进和替代,这一技术不仅带来经济效益的增加,而且以降低对环境的破坏和节约资源为特征。但是绿色技术并不能凭空产生,它并非内生于市场经济。而且我们长期以来获取经济增长所依托的是传统技术,因此这种传统技术的"负外部性"并没有引起人们的正视,以至于很多人将消除生态环境负面影响的作用作为绿色技术的"正外部性"或"效益外溢"的表现。正因为如此,绿色技术反倒成为"逆市场逻辑"的产物,而传统技术倒是看作市场经济的逻辑结果。

在市场经济中,绿色技术必然要以市场逻辑的形态才能得以存在,这就需要进行技术创新。绿色技术创新通过在技术创新的各个阶段引入绿色发展理念,引导技术创新朝着有利于节约资源和保护环境的方向发展。根据绿色技术的内容,可以将绿色技术创新划分为三大类:一是绿色工艺创新,二是绿色产品创新,三是绿色意识创新。①由于本节主要涉及绿色生产环节,因此这里的绿色技术创新主要以前两者为主。绿色技术创新的主体是企业,不仅能够减少资源能源的消耗,降低污染对环境的影响,而且能够降低企业的生产成本,增强企业的市场竞争力。绿色技术创新的根本目的在于使企业的经济效益、社会效益和生态效益统一在市场逻辑当中。因此,绿色技术创新

---

① 参见张哲强:《绿色经济与绿色发展》,中国金融出版社,2012年,第105页。

是推动绿色经济体系建设,进而实现经济可持续发展,形成人与自然和谐共生局面的关键环节。

二、绿色金融贯穿于绿色技术创新体系建设的全过程

由于绿色技术所具有的"逆市场逻辑"的特征,推进绿色技术创新和发展,需要构建绿色技术创新体系。绿色技术创新体系包括了不同主体相互作用所形成的创新系统,以及以企业为核心的系列创新机制。而在现代经济条件下,创新系统和创新机制的形成离不开绿色金融的支持。

(一)绿色技术创新体系的构成要素

在社会主义市场经济体制下,发展和创新绿色技术,需要坚持"市场导向、企业主体"的原则。企业作为绿色技术创新的核心主体,是将绿色技术转化为生产应用,发挥绿色生产功效的重要载体,而市场作为整个绿色技术创新的场所,其运行规律和调节机制始终影响着绿色技术创新的整个过程。由于绿色技术并非是市场经济内生的逻辑产物,因此绿色技术创新需要有一个各方支持的环境和多种机制形成的合理系统,我们将这一系统称之为绿色技术创新体系。

从行为主体来看,绿色技术创新体系的构成要素主要包括企业、科研机构、政府、金融机构等。尽管企业在绿色创新体系中处于核心地位,是技术创新和应用的主体,但绿色技术创新体系也不能缺失科研机构、政府和金融机构等行为主体的支持。科研院所是创新知识、创新人才和创新技术的生产者、培育者和开拓者,对企业的绿色技术创新起到导向、培育和开源的作用;政府是创新理念、创新政策和创新网络的传播者、制定者和协调者,对企业的绿色技术创新起到引导、保障和协调的作用;金融机构是创新资金的提供

者,是绿色技术创新体系的枢纽和血液。

从创新机制来看,绿色技术创新体系以企业创新为内核,包括外部激励机制、内部动力机制和能力培育机制等。外部激励机制是以政府为主体的,以相关政策和法律为手段的,以激励并保障企业开展绿色技术创新为目的的一整套体制机制,包括绿色财税政策、绿色人才政策、绿色产业政策、技术专利和环境保护等相关法律法规等;内部动力机制是以企业为主体的,以利益驱动为动力源,以引入绿色技术、开展技术研发和进行产品创新为方式,以推动形成企业绿色技术创新的可持续性为目的的机制;能力培育机制是借助利益相关主体,通过为企业提供绿色技术创新的资金支持、技术支持和平台支持等培育企业绿色技术创新能力,促进创新能力提升的一系列体制机制。

根据以上分析,由四大主体性要素和三大机制及其相互作用所形成的绿色技术创新体系如图 5.1 所示:

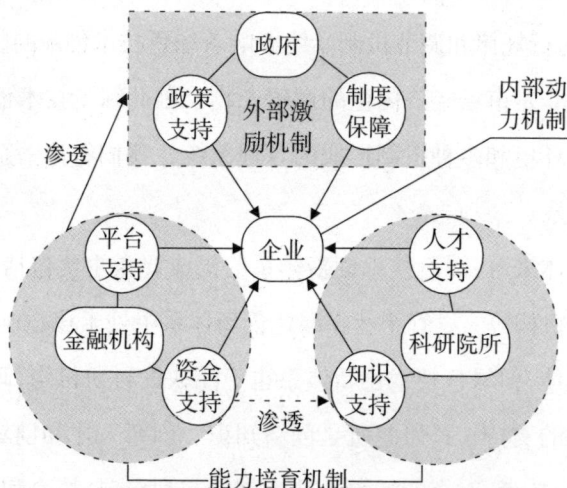

图 5.1 绿色技术创新体系

(二)绿色金融是绿色技术创新体系的血液

在图 5.1 所示的绿色技术创新体系中，绿色金融起着举足轻重的作用，主要通过渗透到各个创新体系的行为主体以及外部激励机制、内部动力机制和能力培育机制三大机制中，形成对绿色技术创新的支撑作用。可以说，绿色金融是绿色技术创新体系的血液。在现代化经济体系中，如果没有绿色金融的支撑，绿色生产、绿色产业、绿色技术、绿色消费以及由此形成的绿色经济体系将难以形成和发展，这是由绿色技术的特征和金融在绿色技术创新中的作用决定的。

首先，绿色金融为企业的技术创新提供资金支持和风险防范。企业作为市场经济的主体，其行为受市场规律的制约，企业进行技术创新必然需要投入大量的资金。由于绿色技术在前期阶段并不能直接带来直接的经济效益，传统金融难以起到作用。与此同时任何一项技术创新，企业都面临着失败的风险，高成本和收益的不确定性使得企业不愿意进行技术创新。与传统的技术创新相比，绿色技术创新这种不确定性更加明显，这种高投入高风险的项目企业往往避而远之。因此，绿色金融在支持企业绿色技术创新中的价值和意义更加重大。一方面，可以为企业开展技术研发、转化和应用全程提供充足的资金支持；另一方面绿色金融有助于提高企业防范创新风险的能力，金融市场可以带来风险的重新分配，从而分散技术创新的风险。

其次，绿色金融为政府的政策体系提供金融保障。以政府为主体的外部激励机制为企业进行绿色技术创新提供政策支持和制度保障，政府通过产业政策、财税政策、信贷政策、货币金融政策等引导和调节资金流动，使资金流向绿色技术研发和应用领域。绿色金融为政府体系的运行提供资金支持和载体支撑，一方面，政策实施本身需要资金支持，另一方面，政策体系的运行也需要与金融机构相协调，否则，绿色技术创新政策将成为无源之水无本之木。

最后,绿色金融为政策实施和技术应用提供平台支撑。政策的实施和技术的研发、转化与应用需要通过一定的平台进行运作,而这一平台需要有金融的支持。例如,碳交易制度的实施必然伴随碳金融的发展,只有碳金融化,碳排放权交易制度才可以发挥制度优势,取得政策实施的效率。典型的体现是,2005 年欧洲碳排放体系(EUETS)试验阶段开始运行的同时,欧洲气候交易所即上市期货合约。再如,绿色金融为绿色技术专利权转让和成果转化提供平台和资金支持,让各类金融机构与企业和科研院所进行深度融合,加速成果转化。

(三)绿色金融在支持绿色技术创新中的功能缺位

由于绿色金融在绿色技术创新和绿色经济发展中的重要作用,绿色金融较早成为我国政府重要的发展举措,最早可以追溯到 20 世纪 80 年代中国人民银行对贷款对象选择的环境评估。近年来,我国的绿色金融在法律政策环境、规模体量和市场机构建设等方面都取得了较大成就,2016 年人民银行、财政部等七部委联合印发了《关于构建绿色金融体系的指导意见》,通过发展绿色信贷、绿色债券、绿色保险,设立绿色发展基金等方式推动中国绿色经济的发展。2016 年,我国银行业绿色信贷余额接近 10 万亿元;2017 年 6 月,我国绿色债券累计发行 34 只,发行总额达 793.9 亿元,占全球绿色债券市场的 20.6%;[①]同时,在 7 个试点城市推广的基础上,将于 2017 年 11 月建立全国碳排放权交易市场。

但是由于发展时间不长,政策协调不够,基础条件缺乏,绿色金融在我国的发展并没有达到理想状态,特别是对绿色技术创新的支撑作用没有得

---

① 中债登:《中国绿色债券市场 2017 半年报》,http://www.chinabond.com.cn/。

到应有的发挥，绿色化功能缺失，主要表现为绿色金融的发展不平衡不充分，究其原因可以归纳为以下三个方面：

第一，金融机构对企业绿色技术创新的支持动力不足。由于绿色技术创新具有不确定性及其"逆市场逻辑"的特征，所需的资金缺口传统金融难以弥补，这从根本上妨碍了金融机构对绿色技术创新的支持动力。而政府的政策支持通常能够改变这一局面，但金融机构对绿色技术的专业性认识不足，对企业技术信息掌握不充分，也将影响其金融支持动力。再加上我国本身金融制度发育还不成熟，绿色金融产品相对单一，金融创新不足，进一步限制了绿色金融对企业绿色技术创新的资金支持。

第二，绿色金融支持技术创新的政策体系不健全。绿色金融的政策体系涉及的行政部门，包括产业管理部门、环境保护部门、金融监管部门等，由于平台建设和协调机制不完善，使得这些部门之间的信息互通难以有效进行，阻碍了政策的效果。与此同时，政府部门与金融机构、科研院所以及企业之间的协调机制也存在不健全不完善的情况。

第三，发展绿色金融所需要的"基础设施"不完善。绿色金融的发展除了政府政策和金融机构的作用外，还需要服务于绿色金融发展的基础设施，如绿色金融中介机构、人才队伍建设、环境成本评估体系等。而这些绿色金融的基础性工作并没有深入开展和实施，成为制约绿色金融发展的瓶颈。

三、以绿色金融为核心构建绿色技术创新体系

绿色技术创新体系的建设离不开绿色金融，发展绿色经济，必须坚持以绿色金融为核心，将绿色金融融入绿色技术创新的各个要素和环节之中，同时强化绿色金融政策体系以及创新体系主体之间的协调性，建设和巩固以市场为目标导向的绿色金融的基础设施。

(一)将绿色金融贯穿到绿色技术创新体系的各个环节

绿色技术创新体系的四大主体性要素和三大机制都离不开绿色金融的支撑作用,因此必须将绿色金融贯穿到绿色技术创新体系的各个环节,充分发挥其在各方面的作用。在提高绿色金融服务机构建设以及绿色金融产品开发的基础上,以服务企业为中心,加强对政府、企业和科研院所等绿色技术创新体系的主体性要素的资金与平台支持,提高外部激励机制、内部动力机制和能力培育机制的有效性,引导金融资源更多流向绿色技术研发和应用领域。绿色金融对绿色技术创新体系的作用可以由图5.2表示。

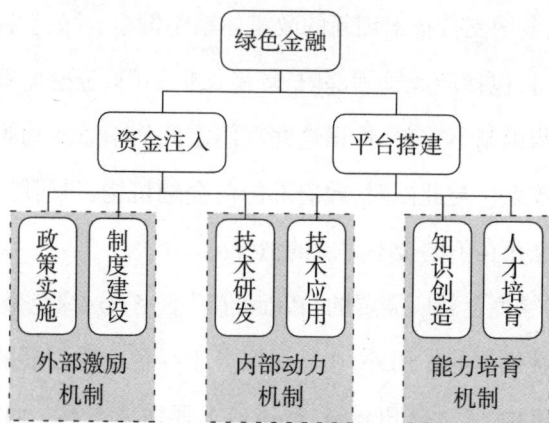

图 5.2　绿色金融对绿色技术创新体系的作用

首先,完善绿色金融对政府政策实施和制度建设的资金和平台支持,协调好金融机构与政府机构之间的关系,将财税政策、产业政策、货币政策等与金融机构的信贷、债券和保险等金融手段进行无缝对接,让政府的外部激励机制更加有的放矢,发挥良好的政策效果。其次,对企业的技术研发、成果转化以及产品创新提供资金和平台支持,构建以市场为导向的绿色金融交易平台,引导资金流向绿色技术创新性和应用性强的企业,以此推进企业绿色技术创新,形成良性的内部动力机制。最后,加强对高校和科研院所等人才培养和科研机构的资金和平台支持，引导加强对绿色技术专业人才培养和绿色技术知识的创新创造，加快绿色技术成果转化，提高绿色技术创新的能力，形成优质高效的能力培育机制。

(二)强化绿色金融政策支持体系和政策协调性建设

我国的绿色金融体系的显著特点是一个以政府政策推动力为主要动力的模式，这也是发展中国家发展绿色金融的共性。这意味着，政策体系在绿色金融发展中具有至关重要的作用。针对目前我国存在的政策体系不健全不完善的问题，需要加强绿色金融政策体系建设，加强政策之间以及政策内外的协调性。

首先，建立和完善绿色金融的政策体系。绿色金融政策的本质是通过一系列政策安排，将优美环境、绿水青山的隐性收益显性化，同时将环境污染、生态破坏的隐性成本显性化，从而改变经济主体的成本收益，进而重构资金的价格形成机制，改变金融主体的行为偏好，使得资金更多流向支持环保、节能、清洁能源等绿色产业。因此，通过建立绿色金融政策体系，推进包括财税政策、货币政策、信贷政策、价格政策、贸易政策和产业政策等宏观经济政策体系的形成，强化对金融机构开展绿色金融业务的激励和约束，创造绿色金融发展的政策环境。

其次，加强绿色金融政策之间的协调性。绿色金融政策必须加强协调性，共同发力，以协同的方式推进绿色金融对绿色技术创新的作用。政策之间的协调性在于通过政府相关监管部门加强对银行、证券、保险等金融机构的协同引导，从而产生协同效应，增加绿色金融政策的整体效果。例如，由于货币政策工具的选择与绿色金融目标的实现密切相关，需要构建货币政策与绿色金融目标相协调的机制；在银行监管政策中融入绿色借贷内容，并将可持续发展作为金融风险管理的重要内容；促进证券市场监管政策与绿色债券结合起来,大力发展绿色债券市场;建立保险监管政策与绿色保险的深度融合,推进绿色保险的发展。[①]

最后,加强绿色金融政策内外的协调性。政策体系的运行除了需要金融机构的配合以外,还需要加强与企业、科研院所、中介组织等绿色技术创新和服务主体的协调性。在实践中,为促进不同主体之间的信息沟通与交流,需要搭建跨部门的信息沟通和共享平台,建立多元网状的跨部门的协调机制,通过信息反馈与及时沟通和协调,强化各部门合作力度,提高协调水平。例如,环保部门要及时将企业环保信息提供给其他部门,金融机构要向其他部门反馈企业融资信息,社会评级机构要对环保项目评估的信息及时公开,实现信息沟通与共享。

(三)以市场为目标导向建设绿色金融的“基础设施”

针对我国绿色金融的制约因素,绿色金融的基础性建设主要包括:建立和健全中介服务机构,培育和建设专业人才队伍,搭建金融和技术相关的交易平台,以及开展环境成本量化研究。这些“基础设施”的建设,需要以市场为目标导向,关键在于构建适应市场机制的绿色金融体制机制。

首先,建立中介服务机构和培养专业人才。基于企业绿色技术创新的绿色金融项目通常技术较为复杂,一般的金融机构难以全面准确评估项目风险,需要建立专业技术评估机构以及相应的风险评估机构,而这些机构都需要绿色技术专业人才的补充。为此,除了建立支持绿色金融发展的金融机构外,需要加快培育和完善独立的第三方评估和服务机构,包括信息咨询、项目评估、融资担保、法律协助等方面中介机构。同时加强高校和科研院所对绿色技术专业人才的培养,以解决未来绿色金融和绿色技术的相关人才不

---

① 详见国务院发展研究中心“绿化中国金融体系”课题组:《发展中国绿色金融的逻辑与框架》,《金融论坛》,2016 年第 2 期。

足的问题。

其次,搭建服务于绿色金融和绿色技术的相关交易市场和交易平台。一是构建绿色资本市场,鼓励绿色企业利用股权交易市场进行股权融资,支持金融机构发行绿色债券,设立绿色基金,吸引社会资本进行绿色投资;二是完善碳交易市场和碳金融平台,在建立全国性的碳排放权交易市场后,要加快配套设施建设,构建碳金融产品体系,发展碳金融衍生品等;三是建立绿色技术专利转让平台和绿色技术产权投融资平台,给绿色技术研发机构创造更多的市场收益,提高绿色技术成果转化率,拓宽绿色技术创新和应用企业的融资渠道。

最后,开展环境污染成本核算和评价研究,建立环境成本信息系统。绿色金融的发展最为基础的前提在于对环境污染成本的评估,但是由于在经济学理论中,环境污染被作为一种外部性产物存在,难以纳入市场价格形成机制中,这意味着污染权交易市场的标准化基础缺失。因此,政府需要鼓励科研机构对环境污染成本的核算和评估开展广泛研究,并在此基础上建立公益性的环境成本信息系统,为社会投资者和决策者提供依据。

第二节　低碳经济与经济发展方式的转变

经济发展方式的转变包括经济增长方式的转变与产业结构的优化升级两个方面。产业结构的优化、经济增长方式的转变和低碳经济的发展是内在统一的,三者均取决于产业层次和技术水平的提升,最终取决于技术结构的调整和优化。要转变经济发展方式,必须发展低碳产业,形成绿色经济发展模式。

一、经济发展方式与低碳经济的理论分析

党的十九大报告指出要让经济从高速增长转向高质量发展，必须转变经济发展方式。而经济发展方式的转变与发展低碳经济是内在统一的，两者具体表现为经济增长方式的转变和产业结构的优化升级，最终在于技术结构的调整和优化。转变经济发展方式意味着经济发展不仅注重数量的增长，而且更注重提高生产要素的质量和使用效率；不仅注重经济总量的扩张，而且更注重经济结构及运行质量；不仅注重经济领域的发展，而且更注重经济社会和资源环境的协调发展。具体来说，经济发展方式的转变与经济增长方式的转变、产业结构的调整以及低碳经济的发展是紧密联系的。

首先，经济发展方式的转变要求经济增长方式的转变。经济发展方式包含经济增长方式，经济增长方式的转变是经济发展方式转变的前提和基础。经济增长方式是指经济增长的途径，包括两种基本类型：一是通过增加投入实现经济增长的外延增长方式，又叫粗放型增长方式；二是通过提高生产技术和效率实现经济增长的内涵增长方式，又叫集约型增长方式。经济增长方式的转变就是使得经济增长方式由外延型向内涵型方式转变、由粗放型向集约型方式转变。经济增长方式的转变需要通过改进现有的企业技术水平、调整技术结构和改善组织管理水平，从而提高生产要素的使用效率和质量，推动经济增长。

其次，经济发展方式的转变要求产业结构的优化升级。转变经济发展方式的另一重要方面是经济结构和产业结构的调整。产业结构是指各产业之间的组合、技术经济联系和比例关系，包括农轻重之间的比例关系、三产之间的比例关系、劳动、资本、技术和知识密集型产业之间的比例关系以及各部门内部构成的比重。产业结构优化升级使得产业结构合理化和高度化，提

高产业之间的协调能力和关联水平。产业结构的调整是相对的和动态的,按照产业结构的演变规律,产业结构的升级要求第三产业、技术和知识密集型产业比重逐渐上升,以此带动经济发展方式的转变。

再次,经济发展方式的转变要求低碳经济的发展。经济发展方式的转变不仅要求经济领域有较好的发展,还要求经济社会和资源环境协调发展,因此低碳经济既是转变经济发展方式的内在要求,也是其前提保障。低碳经济是指在可持续发展理念指导下,通过各种技术和制度手段,尽可能地减少煤炭石油等高碳能源消耗,减少温室气体排放,达到经济社会发展与生态环境保护双赢的一种经济发展形态。发展低碳经济的根本在于变革生产和消费方式,调整和优化技术结构和产品结构,从而为经济发展创造良好的外部环境。

经济发展方式转变的三个方面是内在统一的,低碳经济的发展以经济增长方式的转变和产业结构的优化升级为保证。

(1)低碳经济要求经济增长方式从依赖物质耗费和资源投入实现产出增长,向依赖低碳型的技术进步、科学的组织管理实现产出增长和产品质量提高转变。以物质耗费和资源投入换取的经济增长是粗放型增长方式,必然带来高能耗、高污染和高排放的高碳经济,只有发展低碳型的技术,提高生产资料的利用效率,才能从根本上转高碳经济为低碳经济。

(2)低碳经济要求产业结构从第二产业及劳动和资本密集型产业向第三产业及技术和知识密集型产业转移。第二产业特别是部分重工业和劳动资本密集型行业属于"三高"行业,发展低碳经济,除了提升这些行业的低碳技术之外,更为主要的是优化和升级产业结构,发展第三产业特别是现代服务业和知识技术密集型产业。

(3)低碳经济要求经济发展的动力由主要依靠投资和出口推动向主要依靠内部需求特别是消费需求推动转变。经济增长方式和产业结构是决定收入分配进而调整需求结构的重要因素,粗放型的经济和产业结构的不合理使需求结构倾向于以投资为主,消费需求不足,不合理的需求结构既不利于经济的长期发展,也不利于资源环境的改善,阻碍低碳经济的发展。

可见,转变经济发展方式是发展低碳经济的重要途径,发展低碳经济是转变经济增长方式的必然要求,二者相互统一、互为前提。经济增长方式的转变和产业结构的优化升级是转变经济发展方式和发展低碳经济的具体展开,同时也是二者的根本保证。我们认为经济增长方式的转变和产业结构的优化升级关键在于技术结构的提升与调整。这种技术结构既包括部门或产业之间的技术关联和技术层次(产业结构),也包括部门或产业内部的技术类型和技术水平(经济增长方式)。产业之间的技术关联和技术层次的合理设定需要根据产业之间的技术特征和经济效果,满足产业结构趋于高度化和低碳化的要求,部门内部的技术类型和技术水平的优化也要满足增长方式向趋于轻型化和低碳型技术方向发展。

二、经济发展方式与低碳经济的理论模型

由上文的分析可知,低碳经济的发展归根结底需要生产技术的变革和技术结构的调整。为了分析技术类型和技术结构对低碳经济具体来说是对碳排放量的影响,需要从马克思关于资本有机构成的理论出发。

马克思将资本作了不变资本与可变资本之分,将劳动作了物化劳动与活劳动之分,将生产要素作了生产资料与劳动力之分,这为揭示资本主义发展的总体趋势和一般规律提供了充分的理论支持。但是这种简单的两分法对于分析经济发展中的部门或行业的技术特征、部门或行业内部技术差异等具体问题时存在局限。而行业技术特征、技术差异等正是影响能耗量进而影响碳排放量的重要因素,因此从技术角度探讨经济发展方式与低碳经济之间的关系,需要对资本有机构成的相关理论作一定的扩展。

一是将生产资料按照技术类型及其对碳排放量的影响区分为低碳型生产资料和高碳型生产资料，相应的技术类型区分为低碳型技术和高碳型技术。对于同一部门来说，不同的技术水平并不是反映在资本技术构成方面，更多的是反映在技术类型方面，而技术类型主要体现为运用不同的生产资料及其组合，包括动力来源、原料材质、机器构造等方面。不同的技术类型在生产过程中的碳排放方面会有很大的差异，反映在技术进步上，若技术进步主要以低碳型技术为主导推动，其生产资料更多地采用低能耗的机器设备，清洁能源动力及环保型的材料，此为低碳型生产资料；若技术进步主要以高碳型技术为主导推动，其生产资料更多地采用高能耗的机器设备，运用传统高排放能源，并且是运用以数量带产量的粗放型生产技术，此为高碳型生产资料。

二是将部门或产业按照行业技术构成及对碳排放量的影响区分为传统物质生产部门、非物质生产部门以及新兴的低碳产业，或者直接区分为低碳产业和高碳产业。部门或产业由于技术特征不同，对碳排放量的影响也不同。传统的重工行业，技术特征表现为大型机器设备的使用，资本有机构成较高，即使在技术类型相同（即高碳型生产资料与低碳型生产资料的比值相等）的情况下，①一般来说这种行业能耗较大，碳排放量较大；而轻工业则相反，资本有机构成较低，相对来说，能耗较低，碳排放量也低。非物质生产部门的技术特征为劳动力使用相对多于生产资料的使用，因此其碳排放量较低。而新兴产业特别是一些低碳经济产业，如新能源产业、新旅游产业，不但碳排放量低，它们的发展还能带动其他行业减少碳排放量。

根据以上两点分析，我们将通过构建经济发展方式与低碳经济的相关模型，研究经济增长方式或技术类型和产业结构是如何影响碳排放量的，以

---

① 从一般的经验来看，资本有机构成较高的行业高碳型生产资料与低碳型生产资料的比值也较高，因此碳排放量更大。

期为发展低碳技术和低碳经济提供政策建议。

（一）假定条件及说明

①社会总生产分为 n 个产业或部门，第 i 部门用字母 N_i 表示，$i=1,2,\cdots,n$。②每个部门的产品价值构成为 $W_i=C_i+V_i+M_i$，其中 $C_i=C_i^1+C_i^2$ 为不变资本，C_i^1 为用于高碳型生产资料的不变资本，C_i^2 为用于低碳型生产资料的不变资本，V_i、M_i 分别为可变资本和剩余价值；各部门的资本有机构成由高到低排列，即 $C_i/V_i>C_{i+1}/V_{i+1}$。③各部门在生产的过程中均会产生副产品——"碳"，碳的排放流量（或年排放量）取决于年产值 W_i 以及单位产值碳排放量 t_i。④碳排放总量是年排放量的累积，是生态环境好坏的决定性因素，并且假定每年碳排放量不会减少，碳排放总量用 E_i 表示。⑤假定各个部门的生产满足社会再生产实现条件的要求，即每年社会再生产都能够顺利进行。

为了方便下文的分析，需要对几个变量做进一步的说明：

单位产值碳排放量 t_i 是由技术条件决定的，主要取决于动力来源、设备性能、生产技术、原料质量等因素。简单地说，单位产值碳排放量 t_i 取决于生产资料的构成，即高碳型生产资料和低碳型生产资料的比例 C_i^1/C_i^2。即：

$$t_i=t_i(C_i^1/C_i^2)，且\quad \frac{dt_i}{dC_i^1/C_i^2} \tag{5.1}$$

不同部门的技术特征直接表现为资本有机构成上的差异，即 $C_i/V_i>C_{i+1}/V_{i+1}$。我们认为，各个不同部门或产业的技术特征和生产性质进一步表现为单位产值的碳排放量的不同，且高有机构成的部门单位产值碳排放量高，低有机构成的部门单位产值碳排放量低。[1]即：

$$t_i(\cdot)>t_{i+1}(\cdot) \tag{5.2}$$

---

① 其实这里假定了不同部门的平均技术类型相同或相差不大，即高碳型生产资料与低碳型生产资料比值相等或相差不大。

碳排放总量 E_i 为 m 年排放量的总和,若碳排放量是累积性的,则 $E_i = \sum_{j=1}^{m} t_i \cdot W_i^j$,那么社会总生产的碳排放总量 $E = \sum_{i=1}^{n} \sum_{j=1}^{m} t_i \cdot W_i^j$。由马克思的两部类再生产模型,在资本有机构成不变的前提下,两大部类的经济增长率将长期保持一致,[1]这一结论同样适用于多部门的情况。若长期经济增长率为 g,则 n 年后,碳排放总量:

$$E_i = \sum_{j=1}^{m} t_i \cdot W_i^j = t_i \cdot W_i \cdot g^{-1} \cdot \left[(1+g)^n - 1 \right] \tag{5.3}$$

（二）基本模型及分析

公式(1)-(3)构成了产业结构与碳排放量的关系模型。

$$\begin{cases} E_i = t_i (C_i^1 / C_i^2) \cdot W_i \cdot g^{-1} \cdot \left[(1+g)^n - 1 \right] \\ t_i(\cdot) > t_{i+1}(\cdot) \end{cases} \tag{5.4}$$

由(5.1)和(5.3)式可以证明: $\frac{\partial E_i}{\partial W_i} > 0$, $\frac{\partial E_i}{\partial g} > 0$, $\frac{\partial E_i}{\partial (C_i^1 / C_i^2)} > 0$,即随着经济增长速度的加快、产值以及高碳型与低碳型的生产资料比值增加,碳排放量也随之增加。由(5.1)(5.2)(5.3)式可以证明: $\frac{\partial E}{\partial (W_i / W_{i+1})}$,即高资本有机构成部门产值所占的比重越大,碳排放总量也越大。

对于碳排放总量来说,由于 $\frac{\partial E_i}{\partial W_i} > 0$, $\frac{\partial E_i}{\partial g} > 0$,在其他条件不变的情况下,经济规模和经济增长速度是重要的影响变量。因为任何生产行为都会产生一定的碳排放量,当生产规模和生产扩大的速度增加时,碳排放量也会随之增加。但是经济增长是人类社会进步和发展的内在要求,我们不可能长期依靠放缓经济增长速度来抑制碳排放量的增长。

---

① 参见张忠任:《数理政治经济学》,经济科学出版社,2006 年,第 171~173 页;齐新宇:《政府行为对两大部类增长率的影响》,载《马克思主义研究》,2010 年第 4 期,第 41~49 页。需要注意的是两部类长期增长率是一致的,但一般来说,第二年两部类的增长率并不一致(参阅如上文献)。

由模型(5.4)式可以证明，由于 $\dfrac{\partial E_i}{\partial(C^1_i/C^2_i)}$ ，因此通过降低高碳型与低碳型的生产资料比值，可以实现保证增长率不降低的前提下降低碳的排放量。这种降低是建立在技术水平提高和技术结构的调整的基础上的，即经济增长方式的转变上。由于 $\dfrac{\partial E_i}{\partial(W_1/W_2)}$ ，要降低碳的排放量，在不改变社会总产值的条件下，还可以通过产业结构的调整和发展低碳经济新产业来实现，即通过降低高有机构成部门的比重，提高相应低有机构成部门的比重实现。

三、经济发展方式转变对碳排放量影响的实证检验

为了验证碳排放量与经济增长方式(即技术类型或技术水平)、产业结构以及经济增长率等方面的关系，下面分别从横向与纵向两个角度作了实证分析。一是横向分析数据的选取：选取了 59 个国家和地区作为横向实证分析的样本。样本涵盖了世界五大洲不同的发展程度和收入水平的国家和地区，因此具有一般性。根据这些国家和地区的特征，选用了 1995—2005 年的每 2000 美元国内生产总值的碳排放量、国内生产总值增长率、研发支出占国内生产总值的比重、每 1000 美元国内生产总值的能耗量、服务业和工业增加值占国内生产总值的比重等数据，并分别取这 11 年的平均值[①]作为实证分析的数据。二是纵向分析数据的选取：选取了中国和美国从 1960—2007 年的相应数据。数据来自世界银行发布的世界发展指标数据库、中国和美国统计年鉴。

---

① 有些国家和地区的个别数据并不一定有 11 年，此时平均值只取存在数据的几年的平均值。

（一）横向分析

首先对碳排放总量的影响因素进行实证分析。由模型(5.4)式可以推知，社会总生产的碳排放总量的影响因素包括技术类型(C^1/C^2)和产业结构(ρ)以及经济增长率等因素。在具体的回归变量选取上，我们用单位国内生产总值的能耗量(Enu)和研发支出占国内生产总值的比重($R\&D$)作为技术类型（技术水平）的指标，用工业增加值占国内生产总值的比重(Inv)作为产业结构的指标，用国内生产总值代表社会总产值，国内生产总值年增长率代表经济增长率。建立如下线性计量模型：

$$lnE=\beta_1+\beta_2\cdot Enu+\beta_3\cdot R\&D+\beta_4\cdot Inv+\beta_5\cdot lnGDP+\beta_6\cdot Ggth+\varepsilon \tag{5.5}$$

用最小二乘法(OLS)对(5.5)式进行回归，得到如下回归方程（括号内表示各系数对应的 t 值）：

$$lnE=-15.4211+0.0055Enu-0.3089R\&D+0.0190Inv+1.0012lnGDP$$
$$\quad(7.54)\quad\quad(-2.28)\quad\quad(2.67)\quad\quad(18.82)$$
$$+0.0236Ggth+u \tag{5.6}$$
$$\quad(0.82)\quad\quad\quad\quad\quad R^2=0.9398$$

回归方程(5.6)式中各个解释变量的系数在95%的置信区间内都是显著的，并且模型的拟合度很高。从具体的系数符号和数值来看，除了常数项和 $R\&D$ 系数为负值外，其他解释变量的系数均为正，这说明：研发支出占国内生产总值比重高的国家碳排放量较低，而单位产值能耗量(Enu)越大、工业增加值占国内生产总值的比重(Inv)越高的国家碳排放量较高。具体来说，研发支出占国内生产总值比重每提高1个百分点，碳排放量将下降0.3%；单位产值的能耗量每增加1个单位，碳排放量将增加0.006%；工业增加值占国内生产总值的比重每提高1个百分点，碳排放量将增加0.02%。同时，社会经济总量和经济增长率越高的国家，其碳排放量也越高，具体地说，经济总量

绿色发展的政治经济学探索

（国内生产总值）和经济增长率每提高 1 个百分点，碳排放量将分别增加 1 个百分点和 0.024 个百分点。

其次对单位产值碳排放量的影响因素进行实证分析。由模型(5.4)式可知，单位产值碳排放量并不直接取决于经济总量及其增长率，而取决于经济增长方式（技术类型或技术水平）和产业结构。图 5.3 为 59 个国家和地区的单位产值的碳排放量与经济增长率之间关系的散点图。从图 5.3 中并不能看出二者的明显关系。例如，同样是高增长国家，爱尔兰与印度或中国在单位产值碳排放量上就有悬殊。

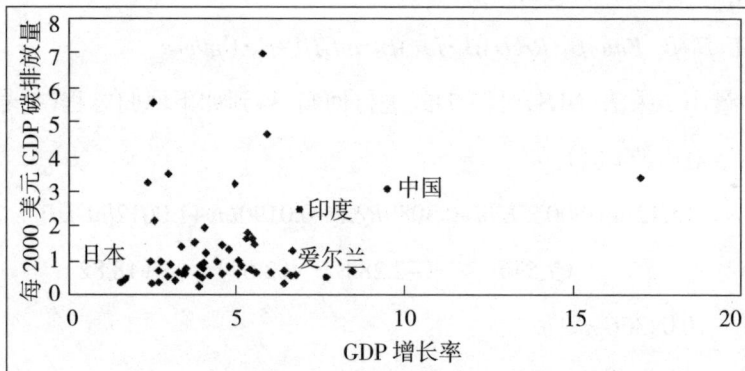

图 5.3　单位产值碳排放量与国内生产总值增长率的散点图

因此，我们建立单位产值碳排放量的影响因素的线性回归模型：

$$e=\beta_1+\beta_2\cdot Enu+\beta_3\cdot R\&D+\beta_4\cdot Inv+\varepsilon \tag{5.7}$$

其中为单位产值碳排放量，用每 2000 美元 GDP 的碳排放量计量，其余变量指标如前。运用最小二乘法(OLS)对(5.7)式进行回归，得到如下回归方程（括号内表示各系数对应的 t 值）：

$$e=-1.2280+0.0118Enu-0.2961R\&D+0.0172Inv+u \tag{5.8}$$

回归方程(5.8)式中各个解释变量的系数在 95%的置信区间内都是显著的，并且模型的拟合度也较高。从具体的系数符号和数值来看，常数项和 R&D

144 >>>>

系数为负值外,*Enu* 和 *Inv* 变量系数为正,这说明:研发支出占国内生产总值比重高的国家单位产值的碳排放量低,而单位产值能耗量(*Enu*)越大、工业增加值占国内生产总值的比重(*Inv*)越高的国家,单位产值的碳排放量越高。具体来说,研发支出占国内生产总值比重每提高 1 个百分点,单位产值碳排放量将下降 0.3%;单位产值的能耗量每增加 1 个单位,单位产值碳排放量将增加 0.012 个单位;工业增加值占国内生产总值的比重每提高 1 个百分点,单位产值碳排放量将增加 0.17 个单位。

(二)纵向分析

首先以美国为例做实证分析。1960—2007 年中, 美国单位产值碳排放量,除了 1970 年有所波动外,基本处于下降趋势。为了分析影响美国单位碳排放量的因素,我们对单位产值碳排放量的回归模型(5.7)式进行调整,增加服务业增长值占比和 GDP 增长率作为解释变量, 由于工业增长值占比与服务业增加值占比存在线性相关,因此分别对如下两个回归模型做 OLS 回归:

$$e=\beta_1+\beta_2 \cdot Enu+\beta_3 \cdot R\&D+\beta_4 \cdot Inv+\beta_5 \cdot Ggth+\varepsilon \tag{5.9}$$

$$e=\beta_1+\beta_2 \cdot Enu+\beta_3 \cdot R\&D+\beta_4 \cdot Inv+\beta_5 \cdot Ggth+\varepsilon \tag{5.10}$$

回归方程为:

$$e=-1.88+0.59lnEnu-0.074R\&D-0.002Inv-0.0009Ggth+\mu$$

$$t \quad (14.62) \quad (-7.09) \quad (-0.87) \quad (1.18) \tag{5.11}$$

$$e=-2.105+0.60Enu-0.08R\&D+0.002Sev-0.0009Ggth+\varepsilon$$

$$t \quad (14.75) \quad (-7.13) \quad (1.15) \quad (-1.13) \tag{5.12}$$

由回归结果(5.11)和(5.12)式可知,GDP 增长率的系数并不显著,说明美国这段时间单位产值碳排放量更多地取决于结构性和技术性变量。而且工业增加值占 *Inv* 比和服务业增加值占比 *Sev* 系数也很不显著,表明产业结构对美国单位产值碳排放量下降的贡献不明显。而单位产值能耗 *lnEnu* 和研

发支出占比 *R&D* 系数显著,表明美国单位产值碳排放量下降更多地归于技术水平和增长方式的因素。若单独用单位产值碳排放量对 *lnEnu* 和*R&D* 做回归,通过所得到的回归方程可知:单位能耗每降低 1 个百分点,单位产值碳排放量下降 0.55 个单位;研发支出占比每提高 1 个百分点,单位产值碳排放量将下降 0.07 个单位。

其次以中国为例做实证分析。同样地,首先对回归方程(5.7)式进行调整,将经济增长率也纳入对单位产值碳排放量的影响因素中,由于工业增加值占比与服务业增加值占比存在严重的相关性,因此我们分别考虑工业增加值占比和服务业增加值占比对单位产值碳排放量的影响。分别建立如(5.9)和(5.10)式的线性回归模型。并运用 OLS 对回归模型做回归,可得到回归方程为:

$$e=-1.574+0.0.16Enu+0.043R\&D+0.036Inv+0.014Ggth+\mu$$

$$t \quad (35.83) \quad (0.54) \quad (2.60) \quad (2.18) \qquad (5.13)$$

$$e=-1.65+0.014Enu+0.23R\&D-0.39Sev-0.022Ggth+\varepsilon$$

$$t \quad (26.39) \quad (0.72) \quad (-2.43) \quad (3.99) \qquad (5.14)$$

由回归结果(5.13)和(5.14)式可知,研发支出占比对单位碳排放量的影响不显著,其他变量的系数都是显著的。这说明,中国的技术进步对单位碳排放量下降的影响不大, 可能由于中国的研发支出在发展低碳方面的投入太少。另外,GDP 增长率对单位产值碳排放量的影响是正的,说明中国经济粗放型增长的局面还没有得到扭转。中国单位产值碳排放量呈现下降趋势,主要原因在于中国产业结构调整和优化。具体来说,工业增长值占 GDP 比重每下降 1 个百分点,单位产值碳排放量将下降 0.036 个单位;服务业增长值占 GDP 比重每上升 1 个百分点,单位产值碳排放量将下降 0.39 个单位。

四、转变经济发展方式推动绿色低碳产业

通过以上关于经济发展方式、产业结构与低碳经济的理论与实证分析，我们可以得到以下三点结论：

一是经济发展方式的转变内在地包含经济增长方式的转变、产业结构的优化以及低碳经济的发展，而经济增长方式与产业结构是影响低碳经济发展的具体方面。低碳经济的发展与经济增长方式的转变及产业结构的优化升级相互促进，互为前提，由于三者的内在统一性，最终取决于技术结构的调整和优化。

二是资本有机构成的扩展为解释经济增长方式、产业结构与低碳经济的研究提供了技术基础。马克思关于资本的划分和资本有机构成理论过于简化，在分析产业结构与碳排放量之间的相互关系时，首先需要将不变资本的构成进行细化，划分为高碳型生产资料和低碳型生产资料，进而技术进步的类型也相应地区分为高碳型技术进步和低碳型技术进步。

三是经济增长方式、产业结构是影响碳排放量的重要因素。通过构建产业结构与低碳经济的理论模型和实证分析，表明单位产值碳排放量与经济增长率、技术类型以及产业结构具有密切的关系。特别是当经济增长率大致相当时，生产技术类型和产业结构的状况对单位产值的碳排放量起到了决定性的作用。

由于技术结构引起的产业结构的差异是影响碳排放量的重要因素。通过构建产业结构与低碳经济的理论模型和实证分析，表明单位产值碳排放量与经济增长率、技术类型以及产业结构具有密切的关系。特别是当经济增长率大致相当时，生产技术类型和产业结构的状况对单位产值的碳排放量起到了决定性的作用。因此，尽管高经济增长率加剧了碳排放的压力，但通

过技术水平提高和产业结构优化从而降低能耗完全有可能将实现低排放下的较高增长率。

结合我国的经济发展现状以及转变经济发展方式的要求，我们认为应该从以下几个方面提出优化经济结构发展绿色低碳产业，实现生态与经济协调发展的政策建议。

第一，优化产业结构、促进产业升级。产业结构优化既是经济发展的必然趋势，也是低能耗、低排放的必由之路。改革开放以来，我国的产业结构逐渐合理化，但与发达国家相比，我国的第三产业所占比重过低，各种高能耗产业在GDP中所占的比重较高。因此，在保持经济增长的同时，应该大力发展服务业，淘汰落后产业，促进高能耗产业的升级。

第二，转变经济增长方式，推进内涵式技术创新。中国的经济高增长很大程度上依靠的是粗放型的增长，特别是高能耗的投资推动。这种增长方式既不利于经济长期可持续增长，也带来了环境污染。因此，中国应该在优化产业结构的同时，加快经济增长方式的转变。特别是积极研发新技术，包括利用低排放甚至零排放的能源使用技术，如太阳能、风能的综合利用技术；高新技术产业的生产技术、环保技术、节能技术等。

第三，改变能源结构，开发低碳新产业。近年来，我国节能环保产业取得了较快的发展，但是仍然存在很多问题。比如，产品定价能力低，市场被跨国公司大量瓜分，产业集中度偏低，自主知识产权和关键技术缺乏，等等。因此，中国应该在逐渐改变能源结构的前提下，大力推进低碳产业的发展，加大扶持新能源产业，培育专业化大型环保企业，尽力抢占节能环保产业的高地。

第三节 新能源产业价格补贴政策量化评价

新能源产业是实现绿色发展的重要产业，现有的相关研究缺乏对新能源政策生态效益的基础性分析。本节将从马克思主义经济学的视角，将单一理论维度拓展为多元维度，尝试从技术、规模和生态维度探寻政府在新能源企业发展中的重要作用。并在此基础上，构建基于经济效益和生态效益的新能源补贴政策评价模型，运用 DEA 方法和"负价值"理论对经济效益和生态效率进行测算和分析思路探讨，据此评估我国政府补贴在新能源企业和新能源产业中的作用。

一、新能源政策的两个理论维度：经济效益与生态效益

全球生态环境恶化和能源短缺已经是人类不得不面临的一个不争的事实，而且环境恶化与资源过度开采和使用具有密切的联系。全球能源结构中化石燃料（包括煤、石油和天然气）仍然占据绝大部分，2014 年占到一次能源消费中的 86.3%，其中中国能源结构的煤炭消费比重达到 66%。[1]在环境污染中，煤炭的影响极大，最近一项研究表明，中国空气中被称为 PM2.5 的致命细颗粒物中约 40%来自煤炭。中国每年的煤炭消费几乎相当于世界上其他国家的总和，燃煤既是中国空气污染的最大来源，也是中国温室气体排放的最大来源，温室气体是气候变化的主要原因。工厂废气、交通运输、火力发电被认为是造成空气污染的三大主因。因此，在确保经济社会可持续发展的

---

[1] BP Statistical Review of World Energy June 2015：bp.com/statistical review.

背景下,发展新能源势在必行,而且对中国来说更是迫在眉睫。

但由于新能源生产和利用的技术不够成熟,初期阶段难以形成规模效应,因此相对传统能源来说生产成本较高。这些能源的生产和利用需要大量的研发投入来促进技术进步下的成本下降,但这会影响新能源对传统能源的市场竞争力(Siddiqui et al.,2007)。因此,政府扶持就成为新能源产业发展的重要力量。政府除了在宏观层面对新能源产业进行总量规划之外,还利用税收、补贴、价格等政策对新能源企业进行扶持。如我国对新能源高新技术企业实行15%企业所得税并享受企业所得税定期减半优惠;又如对分布式光伏发电站每发一度电,给予0.42元(税前)的国家财政补贴;再如对风力发电上网电价实行"标杆电价"政策。

在政府的大力扶持下,新能源产业有了一定程度的发展,但新能源企业在发展过程中仍存在着效率低、创新弱等现象。韩秀云(2012)认为我国风电场与电网建设错误配置、电网配套能力欠缺、新能源企业水平较低以及地方政府投资过度等现象引致风能和太阳能产能过剩及效率低下。罗来军等(2015)也指出,在多晶硅行业,由于我国企业创新力薄弱,只能引进国外的非核心和非前沿技术,从而导致陷入创新力始终不强的恶性循环中。对此,一些学者从实证的角度对我国新能源产业和企业的生产效率展开测度。贾全星(2012)、刘亚铮和彭慕蓉(2015)从微观视角对新能源上市公司的效率进行了测度;Sueyoshi & Goto(2014)、石旻等(2016)等从宏观角度对新能源产业效率进行了研究。尽管目前的相关研究取得了丰硕的成果,但对于政府补贴与新能源发展前景的研究方面,仍然存在一定的空间。主要表现为:一是现有研究以实证为主,理论维度单一;二是现有研究未将政府补贴纳入新能源企业效率测算中;三是缺乏新能源政策在生态效益上的基础性分析。由于生态效益与经济效益是政府支持新能源发展的两个重要因素。要剖析和判断新能源政策的原因、动力和效果,离不开对生态与生产两个理论维度的考察和测度。可以说，对生态效益的追求是政府制定新能源政策的根本原因，而对经济效益的追求则是政府实施新能源政策的基本动力。

（一）生态效益是新能源政策的根本原因

新能源比传统能源的首要优势在于其生态效益，以化石能源为主的传统能源在生产和消费过程中会产生环境污染，直至破坏生态，而以风力、太阳能等为代表的新能源既可以防止不可再生能源的枯竭，也不会对生态环境造成较大的影响。但往往传统能源的成本相对较小，在市场经济条件下，以利润最大化为目标的企业必然选择传统能源，这是资本的趋利性动机决定的。马克思在《资本论》中提到，"作为要素加入生产但无须付代价的自然要素，不论在生产过程中起什么作用，都不是作为资本的组成部分加入生产，而是作为资本的无偿的自然力，也就是，作为劳动的无偿的自然生产力加入生产的"①。这种自然资源无成本或低成本的事实，必然引起资本疯狂的开采使用，由此引起传统能源的耗费以及环境的破坏达到了前所未有的程度。正如马克思所说的，"我们不要过分陶醉于对自然界的胜利。对于每一次这样的胜利，自然界都报复了我们。每一次胜利，在第一步都确实取得了我们预期的结果，但在第二步和第三步却有了完全不同的、出乎预料的影响，常常把第一个结果又取消了"②。

从现代经济学的角度来看，传统能源的生产和消费具有负外部性，如果任由自由市场和资本运行的话，必然会引起过度生产和过度污染。要减少这种负外部性的影响，一个方案即引入没有负外部性的新能源代替传统能源。以二氧化碳排放为例，根据霍普（2010）的研究，减排一吨二氧化碳的成本是120美元。根据林伯强（2014）的计算，如果用新能源（风力发电）代替传统化

① 《资本论》（第三卷），人民出版社，2004年，第843页。
② 《马克思恩格斯选集》（第三卷），人民出版社，1995年，第517页。

石能源(火力发电),每发一度电减排收益为 0.66 元。根据国家统计局公布的数据,2016 年我国火电发电量累计 43958 亿千瓦时,占全国发电量的74.37%。也就是说,仅电力一项,新能源代替传统能源每年减排二氧化碳的收益为 2.9 万亿元。由此可见,新能源政策的生态效益是巨大的,这也是政府制定新能源政策,鼓励发展新能源的根本原因。

(二)经济效益是新能源政策的主要动力

政府对新能源行业和企业的扶持政策具有巨大的生态效益,但是这种持续性的补贴政策成本也是高昂的。根据统计局的数据,2015 年仅国家财政公共预算用于节能环保支出就达 4814 亿元。由于新能源产业正处于发展初期阶段,各种技术尚不成熟,前期的研发和应用都需要投入大量的成本,这就带来了新能源相对于传统能源的较高的生产和开发成本。以电价为例,我国燃煤发电标杆定价为每千瓦时 0.28 至 0.5 元左右,而风力发电定价介于 0.51 和 0.61 元之间,光伏发电为 0.90 到 1.00 元,生物质能为0.75元左右(周亚虹等,2015)。因此,新能源产业发展初期在市场中难以取得竞争优势。这表明,新能源的发展必然需要政府扶持,但政府政策不能长期持续。那么政府对新能源补贴政策的动力就是在补贴条件下新能源企业生产效率的提升。

新能源企业经济效益的提升以新能源生产成本下降为标志,而成本下降主要体现在两个方面:一是通过“干中学”,新能源成本会随着新能源技术的积累和经验的增加而下降,学习曲线描述的就是这一规律。由于政府的补贴,大量的企业会进入新能源行业,随着企业规模的扩大,“干中学”的效用会越明显,从而带来新能源生产成本的下降。二是通过研发的投入带来技术进步,在政府补贴的条件下,企业具有较大的利润空间,其投入研发的支出也会增加,由此带来新能源生产技术的进步,使得成本下降。前者主要是基于规模扩大带来的经济效益的提升，而后者在于技术进步带来的经济效益的提升，我们把前者称之为规模效益，后者称之为技术效益。当然在实践中，两种效益通常交叉在一起，我们把两种综合的效益就称之为经济效益，共同表现为新能源单位生产成本的下降。

(三)基于双维度的新能源政策的评价模型

基于上述分析，下面我们将构建基于经济效益和生态效益双维度的新能源政策的作用和评价模型，探讨政府政策在新能源发展中的价值和意义。首先需要对变量进行假定：

一是假定在政策期 T 内，政府制定持续和稳定的新能源政策，政策成本用 PC 表示。则第 t 期的政策成本可以表示为 $PC=s\times Q(t,s)$。其中 s 表示单位新能源产出固定的补贴数额，$Q(t,s)$ 表示新能源产出，是时间和政府补贴的函数，说明政府补贴会提高新能源的产量。

二是假定政府补贴下的单位新能源生产成本为 $C(t,s)$，随着政府补贴增加，新能源成本将趋于下降，包括技术效益和规模效益两个方面。其中，技术效益在成本减少上可以表示为：$C(0,0)-C(0,0)\times k(s)$，$k(s)$ 为投入研发带来的技术进步程度(类似于马克思理论中的资本有机构成)，本身又是政府补贴的函数；规模效益反映在"干中学"，符合学习曲线所描述的规律，可以表示为：$(1-\delta_L)^{log_2(\frac{Q(t,s)}{Q(0,0)})}$，$\delta_L$ 为"学习率"(Mcdonald，2001)。因此，政府补贴下的新能源生产成本可以表示为：

$$C(t,s)=[C(0,0)-C(0,0)\times k(s)]\times(1-\delta_L)^{log_2(\frac{Q(t,s)}{Q(0,0)})} \tag{5.15}$$

三是假定政府补贴下的生态效益为 ER，$ER=\theta_E\times Q(t,s)$，其中 θ_E 为单位新能源产出带来的生态收益。

四是假定第 t 期政府制定新能源政策的净收益为 $V(t,s)$，根据以上假定，政府补贴的政策净收益可以表示为：

$$V(t,s)=[B(t)-C(t,s)]\times Q(t,s)+\theta_E\times Q(t,s)-s\times Q(t,s)+\beta\times V(t+1,s) \quad (5.16)$$

其中，$B(t)$为传统能源的单位产出成本，因此$[B(t)-C(t,s)]\times Q(t,s)$为政府补贴的当期生产收益，$\theta_E\times Q(t,s)$为当期生态收益，$s\times Q(t,s)$为政策成本，$\beta\times V(t+1,s)$为预期未来收益，$\beta$为贴现率。

显然，(5.16)式为递归方程，可以通过设定边界条件进行求解。[①]

(5.16)式即为基于双维度的新能源政策评价模型。可以看出，新能源政策的两个作用维度，一个是经济效益，一个是生态效益。而经济效益又由技术效益和规模效益组成。因此，技术效益、规模效益和生态效益共同组成了新能源政策的两个维度三个方面的评价体系（如图5.4所示）。

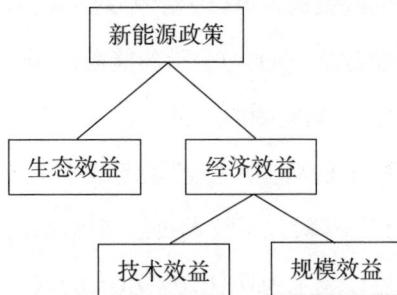

```
              新能源政策
             ┌────┴────┐
          生态效益    经济效益
                    ┌───┴───┐
                技术效益   规模效益
```

图 5.4　新能源政策评价体系

在实际的研究和应用中，生态效益难以进行量化，西方经济学中通常采用影子价格的方法进行分析，但仍存在问题，根本原因在于生态价值或环境价值到目前为止还难以进行有效的衡量。本节后面的两部分内容将分别运用 DEA 方法和"负价值"理论对新能源政策的经济效益和生态效益展开分析，探讨两个方面的测算思路。

---

① 求解方法可参见林伯强(2014)，这里不对此进行讨论。

二、基于DEA测算的新能源政策经济效益分析

对经济效益的测算，主要在于测算政府补贴如何作用于企业生产效率的提高，或者企业单位生产成本的下降。根据前文的分析，经济效益通过技术效率和规模效率表现出来。但是技术效率和规模效率通常在企业中是难以准确分离的，因此对技术效率和规模效率的分解成为实际测算中的关键步骤。下面我们应用 DEA 方法对企业效率进行测算，并在此基础上得出技术效率和规模效率的分解思路。

（一）利用DEA方法测算技术和规模分解系数

对新能源企业生产效率的测算必须考虑投入和产出变量，但现实企业的多元化生产模式，以及不同企业技术水平的差异，总体投入与产出关系复杂。鉴于此，我们采用 DEA 方法对企业生产效率进行测算，由此可以规避掉生产函数的具体形式。DEA（Data Envelopment Analysis，数据包络分析）是非参数法中运用最为广泛的方法之一。主要通过线性规划的数学过程来评价决策单元（DMU）的效率，在投入既定的约束下，求解最大产量（称为产出导向型，Output Orient）或在产量既定的约束下，求解最小成本（称为投入导向型，Input Orient）。通过该模型，可以得出综合生产效率（TE），且这一效率可以分解为技术效率（PTE）和规模效率（SE）。在既定投入水平下，综合生产效率可以反映决策单元的总体效率情况，即所能获取最大产出的程度；技术效率反映的是企业的技术水平；规模效率是技术效率的边界产出量与最优规模下产出量的比值。综合生产效率是技术效率和规模效率两者的乘积。这些数值越接近于 1，表示企业生产越接近于最优水平，也就意味着成本下降的程度越明显。

为了得到具有典型代表性的企业数据,我们以 2007—2015 年新能源上市公司为例进行分析。[①]DEA 模型关键是对投入产出指标的选取,借鉴王宝珠(2017)的研究,投入指标选取公司总资产、公司年末员工人数和政府补贴收入三项,产出指标选取营业总收入这一项。确定相关数据后,我们通过 Pooled-DEA 方法对 2007—2015 年新能源上市公司的相关数据进行测算,得到如下结果(见表 5.1):

表 5.1　中国新能源上市公司生产效率(2007—2015)

年份	综合生产效率(TE)	技术效率(PTE)	规模效率(SE)
2007	0.512	0.782	0.682
2008	0.571	0.774	0.746
2009	0.527	0.741	0.708
2010	0.444	0.698	0.647
2011	0.347	0.519	0.684
2012	0.305	0.453	0.714
2013	0.329	0.484	0.694
2014	0.277	0.451	0.654
2015	0.337	0.465	0.741

由表 5.1 可以看出,各年份的测算结果有所波动,总体显示技术效率有所下降,而规模效率相对稳定。为了得到技术效率和规模效率的分解系数,需要对表 5.1 后两列数据进行标准化,结果如表 5.2 所示。

表 5.2　技术效率与规模效率分解系数

年份	2007	2008	2009	2010	2011	2012	2013	2014	2015
技术效率	0.53	0.51	0.51	0.52	0.43	0.39	0.41	0.41	0.39
规模效率	0.47	0.49	0.49	0.48	0.57	0.61	0.59	0.59	0.61
技术/规模	1.15	1.04	1.05	1.08	0.76	0.63	0.70	0.69	0.63

通过表 5.2 的分解系数,我们就可以在总体效率(成本下降程度)的基础

---

① 因为 2006 年财政部发布的《企业会计准则第 16 号——政府补助》正式规定,从 2007 年开始上市公司将政府补助分为与资产相关的政府补助和与收益相关的政府补助,并在研报附注中披露政府补助的类型与金额。

上，运用成本公式(5.15)式，即可得到技术效率和规模效率在成本下降上的贡献。

　　(二)确定规模效率、技术效率和总的经济效益

　　1. 通过学习曲线确定规模效率

　　政府补贴对新能源的规模效率的作用是通过"干中学"和学习曲线展开的。"干中学"(Learning by Doing)是指随着产量的增加，人们在生产产品与提供服务的同时也在积累经验，从经验中获得知识。学习曲线(Learning Curve)也称为经验曲线，是指随着产品累计产量的增加，单位产品的成本会以一定的比例下降。学习曲线是表示单位产品生产时间与所生产的产品总数量之间的关系的一条曲线。最早提出学习曲线的是 Wright(1936)，其后很多学者(如 Mcdonald，2001)将其应用于新能源技术的研究当中。

　　在新能源成本方程(5.15)式中，我们引用了 Mcdonald(2001)学习曲线的函数形式，表示为$(1-\delta_L)^{log_2(\frac{Q_{t+i}}{Q_{0,0}})}$。因此，这里关键是测算学习率$\delta_L$的大小，学习率的大小决定了新能源规模对成本下降的影响程度。国内外很多学者都对学习率展开过研究，如牛衍亮(2013)测算了风力发电和火力发电的学习率分别为 11.54%和 12.35%，林伯强(2014)测算了风力发电的学习率为10.8%。确定学习率之后，就可以通过企业的新能源产量与其初始产量的数据，测算出企业的规模效率。例如，将 2007 年作为初始年份，考察 2015 年的规模效率，若学习率取 11%，则很容易计算出 2015 年的规模效率约为 0.92，即 2015年由于规模效率的提高，新能源单位成本下降了 8%。

　　2. 通过分解系数确定技术效率和总经济效益

　　技术效率是通过企业研发投入，提高生产技术水平，从而降低新能源生

产成本,用公式表示为 1–K(S)。根据马克思(2004)的资本有机构成理论,技术水平提高是企业进行资本积累,进而提高资本有机构成(即成本结构的变化,表现为物质投入量增长快于劳动投入增长),最终带来单位产品成本下降。①但是,由于技术效率的作用过程通常与企业规模和"干中学"带来的技术变化融合在一起,难以对纯技术效率进行独立计算。因此,我们首先通过运用 DEA 方法得出分解系数(如表 5.2 所示),然后再对技术效率进行逆向测算。

如以 2015 年为例,前文计算得出规模效率约为 0.92,而根据表 5.2,分解系数为 39%/61%,即 0.63,可以计算出技术效率约为 0.87。这表明,由于政府补贴的作用,通过技术效率,新能源单位成本下降了 13%。运用(5.15)式的新能源成本公式,即:

$$C(t,s)=[C(0,0)-C(0,0)\times k(s)]\times(1-\delta_L)^{log_2\left(\frac{Q(t,s)}{Q(0,0)}\right)} \tag{5.15}$$

我们可以得出,2015 年新能源的单位生产成本为:$C_{2015}=C_{2007}\times 0.87\times 0.92=C_{2007}\times 0.8004$,也就是说,从新能源上市公司数据来看,政府新能源补贴政策使得新能源成本 2015 年比 2007 下降了 20%左右。这也就是新能源补贴政策的经济效益。当然,这一结果的得出并不能说明什么,这里主要是想通过数学例子的演示,展现新能源政策经济效益的测算思路。

三、基于负价值的新能源政策生态效益分析

如果单从经济效益是无法说明新能源政策的全部价值和意义所在的,因为从某种角度来说,新能源政策的生态效益是根本的。如果政府的补贴并

---

① 马克思资本有机构成理论的量化研究可参见马艳(2009)。

没有提高生态效益,那么其经济效益的意义并不大,因此分析和测算新能源政策的生态效益就显得尤为重要。

"负价值"理论通过将环境污染的负价值等价于企业在生产出污染物副产品的同时,必须消除这一污染物所投入的劳动价值。其本质上是一种劳动的消耗用以消除一种物品,因此是"负价值"。"负价值"理论作为环境价值理论的重要补充,为新能源的环境评估和成本核算奠定了重要的基础。与新能源相比,传统的能源无疑会产生出大量的污染物,这是典型的联合生产(正如前面分析中的火力发电的例子)。但是现有的国民经济和企业利润核算制度并没有将污染物的负价值纳入其中,因此导致传统能源的环境成本被忽视,核算的成本在很大程度上被低估。这也正是新能源在现有的核算体系和市场条件下无法与传统能源进行竞争的根本原因。

"负价值"理论的测算实际上是以消除污染的耗费作为污染物本身的负价值,或者减少污染物的成本。通过构建联合生产的投入产出模型,求解污染减排的负价值,这一负价值就是公式(5.16)中所说的单位新能源的生态效益 θ_E。为了说明负价值理论测算生态效益的思路,我们以华电集团某电厂为例,计算单位能源的减排成本。根据华电集团某电厂发电和净化的相关数据,可以绘制如表5.3所示的联合生产投入产出表。

表 5.3　华电集团某电厂的联合生产过程①

	经济物品投入	劳动投入（人）	产出		
			电（GWH）	NO_x（吨）	SO_2（吨）
发电过程	固定成本折旧 211.2 万吨煤	400	6300	20567	33792
NO_x 净化过程	液氨 2907 吨 蒸汽 25560 吨	12	−21.12	−17996	−
SO_2 净化过程	$CaCO_3$ 50156 吨	40	−100	−	−32100
总计	13+0.481+0.535 亿	452	6178.88	3429	1692

　① 表中,发电过程的成本为13亿元,NO_x 及 SO_2 净化过程除去用电以外的成本分别为0.481亿和0.535亿,GWH=10^6度电。且假定表中未净化的污染物可以被大气所自然净化。

根据表 5.3 构建联立方程组：

$$0 < \theta_s < 1 \tag{5.17}$$

其中，为每吨 NO_X 对应的价值量，$\theta s = \dfrac{SE}{\dfrac{|F|}{SE} + 1} = \dfrac{1}{\varepsilon + 1}$ 为每吨 SO_2 对应的

价值量，$\varepsilon = \dfrac{|F|}{SE}$ 为每 GWH（θ_s 为度电）对应的价值量，ε 为每亿元原材料和

机器折旧成本对应的价值量，θ_s 为每个劳动力一年所创造的价值量。

假定 1 度电的市场价值为 0.6 元，可以代入联立方程组（5.17）式，计算可得：

N=−6778.51，S=−9892.42

即每吨 NO_X 和 SO_2 的减排成本分别为 6778.51 元和 9892.42 元。若以华电集团某电厂的发电和减排技术为例，单位电力生产的减排成本为 0.0711 元。这一减排成本就是单位新能源的生态效益，即 $\theta_E = 0.0711$。

当然，以上计算的结果是根据某一企业生产投入而得，根据"负价值"理论，减排成本是社会平均的生产和减排技术条件下的劳动耗费。因此，这里的计算结果并不一定符合市场情况，实际应用中需要结合整个社会的平均条件进行计算。

到此为止，我们利用 DEA 方法和"负价值"理论，测算了新能源政策的经济效益和生态效益，根据公式（5.16），我们就可以计算政府新能源政策的净收益。需要说明的是，公式（5.16）的技术参数都是随着时间变化而变化的，在实际测算过程中需要根据具体情况做出具体分析。

通过上述的理论分析与数据测算，主要得出以下几点结论：一是政府的新能源政策是基于经济效益和生态效益两个维度的考虑，经济效益是制定新能源政策的根本原因，而生态效益是制定新能源政策的主要动力，两者缺一不可；二是经济效益可以分解为技术效益和规模效益，技术效益主要通过

增加研发投入来降低成本,而规模效益主要通过"干中学",遵循学习曲线降低成本;三是基于"负价值"理论的减排成本核算方法为测算新能源政策的生态效益提供了良好途径;四是从测算结果可以看出,政府补贴的新能源政策对企业的经济效益的作用并不是很明显,但并不能因此否定新能源政策,新能源政策的评价需要综合经济效益和生态效益。

根据这些结论,我们认为政府作为新能源产业方向的引导者、初期发展的投资者以及扶持政策实施的管制者,应当在提高新能源生产效率上发挥更大的作用。可以考虑从加大技术专项扶持入手,形成新能源产业自身可持续动力机制;同时也应该注意到,尽管研究表明,政府补贴在提高企业生产效率,特别是技术效率上的作用力不强,但不能以此作为取消政府补贴的借口。新能源的发展具有巨大的生态效益,有时候不能完全以经济利益作为唯一追求。

第六章　生态与经济协调发展的绿色市场体系

推动生态与经济协调、绿色发展,不仅需要有绿色产业的支撑和生产方式与生活方式的变革,还需要具备微观绿色市场体系,实现绿色发展的可持续性,形成生态与经济协调发展的长效机制。党的十九大报告提出要着力解决突出的环境问题,"构建政府为主导、企业为主体、社会组织和公众共同参与的环境治理体系"[①]。这一多元共治的环境治理体系的提出和践行经历了自新中国成立以来六十多年的环境保护政策演变,这既是适应新时代社会主义市场经济体制改革和完善的需要,也是我们对国家经济社会和生态环境之间关系的认识在不断深化的体现。同时也提出要"建立市场化、多元化生态补偿机制",充分利用市场机制的作用,处理好政府补偿与市场补偿之间的关系。在此基础上建立污染许可证交易制度,完善碳排放权交易机制。生态与经济协调发展的绿色市场体系的构建将为绿色经济核算奠定微观基

---

① 习近平:《决胜全面建成小康社会　夺取新时代中国特色社会主义伟大胜利——在中国共产党第十九次全国代表大会上的报告》,人民出版社,2017年。

础,并有助于绿色发展理念的持续贯彻。

第一节 "三位一体"的生态环境治理体系

2018 年召开的全国生态环境保护大会上,习近平总书记强调指出,要加快构建以治理体系和治理能力现代化为保障的生态文明制度体系。环境治理体系建设是国家治理体系的重要组成部分,是生态文明制度体系的重要保障。作为多元治理的主体,政府、企业、社会组织和公众,他们在环境治理体系中将扮演怎样的角色? 对此,2015 年中共中央国务院发布的《生态文明体制改革总体方案》明确指出:"更好发挥政府的主导和监管作用,发挥企业的积极性和自我约束作用,发挥社会组织和公众的参与和监督作用。"

一、环境治理体系从单一维度走向多元共治

党的十八届三中全会提出要从改进社会治理方式、激发社会组织活力等方面"创新社会治理体制",鼓励和支持社会各方面参与,实现政府治理和社会自我调节、居民自治良性互动。这是党的文件第一次明确提出社会治理的概念,标志着我们党对社会管理理念的变化。从社会管理转向社会治理的创新,是由社会经济发展水平和阶段性特征所决定的,也是维护群众利益,增加和谐因素,增强社会活力,构建美丽中国的重要举措。从广义的角度来看,社会治理的客体既包括人与人之间的关系,也包括人与自然之间的关系。因此,环境治理是社会治理的应有之义。而"治理"一词更多的是从主体的角度来理解的。治理更多地体现为自下而上的处理和解决方式,相比于自上而下的管理,治理意味着协作、自治、共同、多主体协同。因此,多元共治的

环境治理体系体现的是治理主体的多元化,治理的主体不仅仅是政府,还包括政府、企业、社会组织和公众等各种相关主体。环境治理体现的是政府机构、企业组织、社会组织和公众通过正式或非正式机制管理和保护生态环境、控制污染及解决环境纠纷等问题。与社会管理到社会治理的转变一样,从环境管理到环境治理,是一种理论运用的实践过程,是当代社会的一种新的制度选择和范式,进一步丰富了环境问题的解决路径。[1]我们将这种治理主体多元化的环境治理模式称为"多元共治"。

这一环境治理模式与哈肯的协同理论、奥斯特罗姆的多中心治理理论有着密切的联系。[2]联邦德国著名物理学家哈肯(Hermann Haken,1973,1976)提出和阐述了协同理论,远离平衡态的开放系统在与外界有物质或能量交换的情况下,如何通过自己内部的协同作用,自发地出现时间、空间和功能上的有序结构,客观世界存在着各种各样的系统,社会的或自然界的,有生命或无生命的,宏观的或微观的系统等,这些看起来完全不同的系统,却都具有深刻的相似性。奥斯特罗姆的多中心治理理论,认为一群相互依赖的个体"有可能将自己组织起来,进行自主治理,从而能在所有人都面对搭便车、规避责任或其他机会主义行为诱惑的情况下,取得持续的共同收益"。多元共治的环境治理体系正是基于协同原则和环境的多利益主体原则,以单一的政府自上而下的方式难以应对这一复杂的系统,必须依靠自组织和多元主体形成相互协调、相互制约的共治体系。

自新中国成立以来,我国环境保护政策和治理体系经历了逐渐从无到有,从单一维度到多元共治的历史过程。1973年至今,我国召开了8次全国生态环境保护大会,我国生态环境保护政策逐渐完善。1973年全国召开第一次环境保护会议,正式提出了"全面规划,合理布局,综合利用,化害为利,依

---

①② 参见张文明:《多元共治:环境治理体系内涵与路径探析》,《行政管理改革》,2017年第2期。

靠群众,大家动手,保护环境,造福人民"的"32字方针",这是我国第一个关于环境保护的战略方针。1983年召开了第二次环境保护大会,正式确立了环境保护是国家的一项基本国策,提出经济建设、城乡建设和环境建设要同步规划,同步实施,同步发展。2002年召开第五次环境保护大会,提出环境保护是政府的一项重要职能,要按照社会主义市场经济的要求,动员全社会的力量做好这项工作。2006年召开的第六次环境保护大会,提出从主要用行政办法保护环境转变为综合运用法律、经济、技术和必要的行政办法解决环境问题,强调运用市场的方式解决环境治理和生态保护问题。2018年召开的第八次环境保护大会,将环境保护提高到新的认识高度,认为生态文明建设是关系中华民族永续发展的根本大计。生态环境是关系党的使命宗旨的重大政治问题,也是关系民生的重大社会问题。构建以政府、企业、社会组织和公众共同参与的环境治理体系是生态环境保护的有效手段。

党的十八大以来,党中央多次强调构建"多元共治"的环境治理体系,依靠多种方式、多元主体、多样化途径解决生态环境问题。2015年中共中央国务院发布《生态文明体制改革总体方案》提出生态文明体制改革总体目标:"构建以改善环境质量为导向,监管统一、执法严明、多方参与的环境治理体系,着力解决污染防治能力弱、监管职能交叉、权责不一致、违法成本过低等问题。"①

二、"三位一体"环境治理体系中主体功能定位

党的十九大提出构建以政府、企业、社会组织和公众共同参与的环境治理体系,这为生态环境治理提供了政策指向。政府、企业、社会组织和公众作

---

① 《生态文明体制改革总体方案》(2015年)。

为环境治理的主体,体现了"多元共治"的治理理念和治理原则。鉴于社会组织属于公众的自治组织,作为环境治理主体,两者的治理功能相似,因此这里讨论环境治理体系的主体仅考虑政府、企业和社会组织三方。

由于政府、企业和社会组织作为环境治理主体有其各自的特点和优势,因此三者在环境治理中存在不同的功能定位和作用机理。

(一)政府在环境治理中的作用和功能定位

政府是行使国家公共权力的代表者,在环境治理体系中处于主导地位。在现代化社会治理中,政府不仅要发挥执行人的身份作用,更需要发挥协调不同治理主体的作用。政府行使对经济社会建设发展的规划、管理与治理的职能,维护经济市场、社会发展、环境秩序的公平正义,提供公民生存发展以必要的公共产品、基本公共服务和社会保障。政府在整个社会治理方面的主要优势主要体现在,政府掌握治理的主要手段和工具,可以使用公权力统领社会治理的方方面面,而且组织性强、行政系统稳固,信息传导快速。但是这些优势和特点也容易导致政府在治理上的越位、缺位和错位问题,且缺乏有效的反馈机制,往往出现"政府失灵"现象。因此,政府在治理体系中的作用和功能需要用制度的手段进行限定,并构建有效的机制充分发挥政府在其中的作用。

政府在环境治理体系中的主导作用和主要功能体现在以下几个方面:

(1)宏观架构

绿色发展理念是我们党在建设生态文明,实现人民对优美生态环境需要的重大理念。环境治理体系建设关键是要贯彻绿色发展理念,将这一理念转变为宏观图景,并落实到生态文明建设的方方面面。这就需要政府发挥其在环境治理体系中对环境治理进行宏观架构的作用。

（2）法制建设

包括对生态文明建设的具体战略和举措进行总体规划，对环境治理主体和治理方式等进行法律和法规等制度建设，以经济、行政和法律等手段，对经济、社会和环境等方面的无序或违法等现象进行监督、稽查、矫正和整治规范管理。

（3）协调关系

不管是全面建设小康社会还是建设社会主义现代化，都要求是全方位的、全领域的。生态文明建设是"五位一体"总体布局中的一个内容，与经济、政治、文化和社会关系都密切相关。政府在治理体系中还需要发挥协调环境治理与经济社会等领域的关系，使得各个战略之间相互协调，生态环境保护与经济社会发展相统一。

（4）组织调动

环境治理体系是一个"多元共治"的体系，需要协调政府内部、政府与市场和企业、政府与社会组织、政府与公民社会之间的关系，保障各个治理主体作用得到充分发挥。

（二）企业在环境治理中的作用和功能定位

企业作为营利性组织，最大的特点也是优势所在是企业具有经济独立性，是参与社会治理的主体力量之一。在市场经济条件下，企业的参与不会受到政府和社会的影响，因此在能获取利润的条件下具有参加环境治理、生产和提供环境公共产品和公共服务的主动性和积极性。同时由于企业作为独立决策的市场主体，往往提供环境公共产品和服务的效率相对更高，不仅如此，企业还在绿色技术创新、绿色生产方式革命和绿色消费方式引领等方面具有重要的作用。企业作为市场经济的主体，绿色发展理念的落实需要以企业作为载体和中介，在一定意义上说，绿色经济体系的构建，关键在于如何构建企业参与环境治理和生态保护的机制体制。当然,由于企业的目标是追求利润最大化,其营利性动机与环境治理的社会性目标可能会存在冲突,影响治理作用的发挥,这需要在构建环境治理体系过程中特别注意。

企业作为"三位一体"环境治理体系中的主体地位角色,在环境治理中的主要功能和作用表现在以下四个方面:①污染治理。企业的生产过程是产生污染的主要来源,而污染治理就是消除这一负面环境影响的直接手段。企业是污染治理的第一责任人,在环境治理体系中需要发挥积极的污染防治作用,通过在一定的制度引领和机制设计下使得污染实现内在化,形成企业污染治理的长效机制。②生产引领。我国生态环境问题的主要原因在于我国长期粗放型的增长方式,具体到企业就是粗放式的生产方式,只有向绿色化生产方式转化才能解决环境问题。企业作为生产的主体和单位,需要发挥其清洁、低碳、循环的生产功能,形成绿色生产方式来引领未来发展。③技术创新。这里讲的技术创新当然是绿色技术创新。企业是生产的主体,同时也是研发的主体。在环境治理体系中,企业首当其冲具有绿色技术创新和研发的责任和功能。绿色技术创新也是绿色经济发展的关键所在,是处理好生态环境与经济发展之间关系的重要方面。④产品创新。现代化的消费模式也是生态环境问题的重要原因,解决生态环境问题需要进行全社会消费方式的变革,形成简约适度、绿色低碳的生活方式和消费模式。企业作为消费资料生产的源头,理应主动调整产品结构,进行产品创新,生产低碳环保的绿色产品,引领公众向绿色消费方式转变。

(三)社会组织在环境治理中的作用和功能定位

社会组织是社会治理的主体力量之一。社会组织作为社会自组织,以自立、自治、自我服务、自我教育为显著特征。由于社会组织具有更强的社会动员能力和一定的组织能力,且可代表不同社会群体的诉求,因此在环境治理中日益成为重要的治理主体。近年来,在党和政府的积极推动下,社会组织参与环境治理的宏观政策环境日益宽松,特别是党的十八届三中全会以来,政府出台了一系列政策举措从制度准入、财力保障、队伍建设等多个环节为社会组织更好介入环境治理提供了重要支持。社会组织作为非政府组织,能够以独立自治的方式参与环境治理和生态保护,能够及时回应公众对优美环境的需求和诉求,并对环境破坏行为能够进行快速行动,将基层信息迅速反映到政府和社会层面,以便更好地维护公众利益和生态环境。当然,社会组织存在集中度不够、经济独立性不强、专业程度不高等问题,也给社会组织治理作用的发挥带来约束。

　　作为参与环境治理的重要主体力量,社会组织在生态环境保护和治理中的主要功能包括以下四个方面:①组织动员。作为自组织,社会组织的一大功能是具有较强的社会倡议和组织动员能力,可以通过环保宣传、环境信息披露和社会教育活动等形式倡导社会公众参与各类环保活动,从而提升全社会的环保自觉性,进而形成行业环保压力。②利益协调。社会组织作为公众的自治组织,与政府行政部门的重要区别在于社会组织与公众联系更加紧密,而又与分散的公众不同,具有较强的组织性。这一特点决定了社会组织具有协调政府相关部门和社会公众之间关系的纽带作用,也是架构政府、企业和公众之间的信息桥梁。这一作用既适用于一般的社会治理,也适用于环境治理。在环境治理体系中,信息沟通和桥梁纽带作用是不可或缺的,有助于加强各治理主体彼此之间的理解和信任度,协调彼此关系,更加有效地解决环境问题。③专业支持。现代社会,许多重要的环保领域都涉及复杂的跨学科专业知识体系,环境治理不仅需要环境工程领域的知识,还需要处理社会关系的人文艺术类知识,这就要求从事环境治理的主体需要具备相应的复合型专业知识结构。社会组织成员来自不同领域,不同学科,一定程度上能够满足专业化需要。因此在环境治理体系中,需要发挥社会组织在专业环境治理上的作用,同时也要加强环保社会组织专业化能力的培养。④环境监督。作为民间社会力量之一,能够敦促政府决策的科学民主与政务信息的透明公开,促进社会建设和环境治理制度的建立完善,监督在环境治理过程中可能产生的腐败和寻租,维护社会公平正义。

三、"三位一体"生态环境治理体系的构建

上文的分析表明,政府、企业和社会组织在环境治理中有各自的优势,同时也存在薄弱环节,因此改进环境治理方式和激活治理主体活力,不仅需要加强各个主体自身建设,充分发挥各自的作用,还要理清它们之间的关系,做到政府、企业和社会组织三者互联互动,三元通力协作,三方优势互补。党的十八届三中全会提出要"创新社会治理体系",对于环境治理来说,我们认为生态环境治理体系的构建和创新同样重要,而构建和创新生态环境治理体系,不仅是环境治理体系中的各个要素系统实现各自创新,更是相互之间的协作和互动,实现机制创新、综合创新及整体创新,进而达到良好的生态环境治理效果。

(一)"三位一体"环境治理体系的基本架构

在此,我们根据政府、企业和社会组织在环境治理中的功能定位及其相互作用关系,构建"三位一体"的生态环境治理体系(如图6.1)。

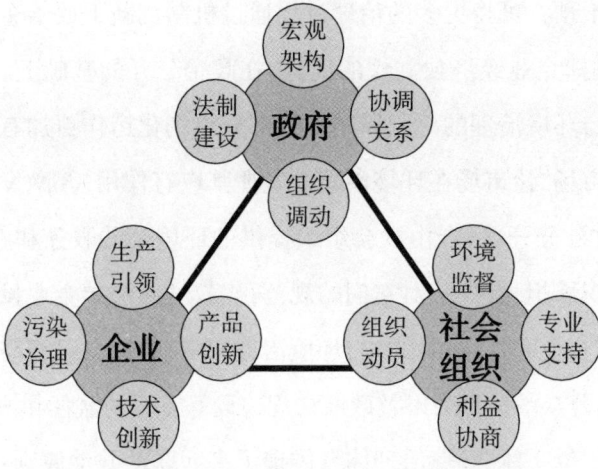

图 6.1　"三位一体"环境治理体系

　　首先,"三位一体"环境治理体系中政府、企业和社会组织治理功能之间紧密相关:①政府对环境治理的宏观架构和法制建设方面的功能和作用的发挥依赖于企业和社会组织在环境治理体系中的功能是否完备,企业和社会组织也需要在一定的制度框架和总体规划中发挥作用;②政府的协调关系和组织调动功能与社会组织的组织动员和利益协调功能具有相似性,它们都需要在多元主体之间进行交流和沟通,两者之间需要相互协调、相互补充;③企业在发挥污染治理、生产方式和消费方式引领上需要一定的制度环境,其行为效果的好坏也需要环境监督,这分别需要政府的法制建设和社会组织的环境监督功能的发挥;④企业以营利性为主、社会组织以公益性为主,它们在各自职能范围内相互融合,简单地说,政府重在发挥主导作用、有效规划和管理,企业的目标是实现绿色发展,社会组织则通过中介和志愿活动提供服务。

　　其次,"三位一体"环境治理体系要求在政府、企业和社会组织三者之间的关系处理上:①政府需要将主要职能定位于全局规划引导、协调各方关系、提供制度保障上,加强对治理主体的监督和指导,尽量缩小对环境治理主体的直接干预，可将更多的治理过程通过机制创新下放给企业和社会组织；②充分发挥企业经济独立性的优势，在政企分开的基础上，构建企业直接和间接参与环境治理的机制体制，将部分市场化运作更加有效的公共资源配置交于市场，让市场在环境治理中发挥其应有作用；③激发社会组织的活力，推进政社分开，适合由社会组织提供的环境公共服务和解决的事项，交由社会组织承担，并加强对它们的规范；④鼓励和引导企业投身于环保公益事业，规范企业和社会组织参与环境治理的活动，社会组织需要加强对企业生产活动、公众消费行为以及政府法规建设等方面的监督和协调。

最后，"三位一体"环境治理体系体现了多元联动共治原则：①从结构上说，"三位一体"构成容纳了党政界、企业界、媒体界以及社会组织、市民等多元复合主体；②从功能上说，"三位一体"则是使不同部门、组织、群体及个人所具有的优势得到协调、整合和提升，在经济发展、政治民主、文化繁荣、改善民生、环境友好等方面发挥作用；③从机制上看，"三位一体"则是社会三大部门的联动，从而使行政机制、市场机制、社会机制成为一个综合整体，形成了行政性与自发性、市场性与社会性、竞争性与公益性等不同机制之间的相互促进。

（二）建设"三位一体"环境治理体系的举措

"三位一体"环境治理体系是生态文明建设的一项基本制度保障，而环境治理体系本身是由不同要素不同主体所组成的综合体系。因此，环境治理体系的建设必须形成包括政府、企业、社会组织和公众在内的多元主体共同参与的治理机制。就当前来看，主要是要建立和完善行政指导机制、市场运行机制以及社会参与机制。[①]

---

① 参见谭斌、王丛霞：《多元共治的环境治理体系探析》，《宁夏社会科学》，2017年第6期。

首先,建立和完善行政指导机制,提升政府的主导能力。①加强政府对环境治理的总体设计和组织领导。2018年党的十九届三中全会根据党的十九大要求,设立了自然资源部和环境保护部,需要进一步完善生态环境管理制度,加强对环境治理的总体规划,明确责任权利。②加强政府规制和法制建设。政府通过法律法规、政策制度、环境标准及质量标准等措施,调节规范各种经济主体的行为。③深化考核机制的"绿色化"转向。进一步改革地方党政领导考核机制,实行生态环境损害责任终身追究制,将生态环境状况作为考核、选拔任用党政领导的重要指标,从而化解唯GDP论英雄的局面。

其次,完善市场机制,增强企业环境治理主体能力。①建立和完善排污权交易市场机制,搭建排污权交易平台,利用市场机制激发企业的绿色技术创新、绿色产品创新和污染治理能力提升。②建立绿色金融体系,实施绿色金融政策。发展绿色信贷、绿色债券,设立绿色发展基金,有效调动民间资金,以缓解目前政府、企业在环境治理中面临的资金短缺问题。③建立财政税收机制,将企业污染成本内部化。建立和完善资源税和环境税,运用价格机制,实现将企业污染给社会造成的外部成本转化为企业生产成本,从而将企业引导至节约资源和保护环境的生产模式上来。④建立产业补贴和绿色消费政策体系,引导企业积极开发和利用新能源,引导消费者对新能源及其相关产品的偏好,从而改变消费方式。

最后,完善社会参与机制,提高社会组织和公众的参与能力。在环境治理中,社会力量积极有效的参与能够大大地提高环境治理效果,在一定程度上可以弥补政府失灵和市场失灵。①完善社会组织和公众参与环境保护和环境治理的法律法规,使其符合现实发展需要,并且具有实际操作性。同时补充关于环境纠纷处理、损害补偿、环境公益诉讼和公民环境权利等方面的配套法律规定。②以加强社会组织建设为重点,加强社会机制建设。政府可以通过分类指导、购买服务、评价监督等形式,以及相应的孵化机制、专项资金、信息共享平台等具体措施,在对环保社会组织的管理中扶持其发展,使其成长为连接政府与公众的重要桥梁和纽带。

第二节 建立市场化多元化的生态补偿机制

自党的十八大以来,党中央将生态补偿机制作为生态文明建设的重要制度保障。习近平总书记在党的十九大报告中强调要"要建立市场化、多元化生态补偿机制"。在社会主义市场经济条件下,生态补偿机制是将生态环境保护与经济社会发展有机结合的重要支撑和关键环节,也是"绿水青山就是金山银山"生态思想理念的集中体现,更是中国特色社会主义生态文明建设的重要内容。

一、生态补偿机制是生态文明建设的重要内容

党的十八大报告明确要求建立反映市场供求和资源稀缺程度、体现生态价值和代际补偿的资源有偿使用制度和生态补偿制度。党的十八大以来,中共中央和各部委多次发布重要文件,制定多种行动方案,提出建立生态补偿机制对生态文明建设的重要意义,对生态补偿机制的建立、完善和发展指出了具体指示和基本要求。这为我们研究和制定相关机制体制指明了方向,也是生态补偿机制构建的政策依据。

2013年,党的十八届三中全会通过《中共中央关于全面深化改革若干重大问题的决定》提出,坚持谁受益、谁补偿原则,完善对重点生态功能区的生态补偿机制,推动地区间建立横向生态补偿制度。发展环保市场,推行节能量、碳排放权、排污权、水权交易制度,建立吸引社会资本投入生态环境保护

的市场化机制,推行环境污染第三方治理。这为生态补偿机制构建指明了宏观要求和重点任务。

中共中央国务院 2015 年发布了《关于加快推进生态文明建设的意见》指出,要建立健全生态保护补偿机制,需要"科学界定生态保护者与受益者权利义务,加快形成生态损害者赔偿、受益者付费、保护者得到合理补偿的运行机制。……完善转移支付制度,归并和规范现有生态保护补偿渠道……建立地区间横向生态保护补偿机制……建立独立公正的生态环境损害评估机制"①。

2015 年中共中央国务院通过《生态文明体制改革总体方案》,提出加快自然资源极其产品价格改革,按照成本、收益相统一的原则,充分考虑社会可承受能力,建立自然资源开发使用成本评估机制,将资源所有者权益和生态环境损害等纳入自然资源及其产品价格形成机制。完善生态补偿机制,探索建立多元补偿机制……制定横向生态补偿机制办法,以地方补偿为主,中央财政给予支持。②

2015 年中共中央办公厅、国务院办公厅印发《生态环境损害赔偿制度改革试点方案》,提出对造成生态环境损害的责任者严格实行赔偿制度,通过试点逐步明确生态环境损害赔偿范围、责任主体、索赔主体和损害赔偿解决途径等,形成相应的鉴定评估管理与技术体系、资金保障及运行机制,探索建立生态环境损害的修复和赔偿制度,并且力争在 2020 年,全国范围内初步构建责任明确、途径畅通、技术规范、保障有力、赔偿到位、修复有效的生态环境损害赔偿制度。

生态补偿机制的建立,需要以生态环境监测为技术基础。2015 年国务院办公厅印发了《生态环境监测网络建设方案》,针对当前我国生态环境监测

---

① 《中共中央国务院关于加快推进生态文明建设的意见》,人民出版社,2015 年,第 21 页。

② 参见《生态文明体制改革总体方案》,人民出版社,2015 年,第 18 页。

网络存在范围和要素覆盖不全,建设规划、标准规范和信息发布不统一,信息化水平和共享程度不高,监测与监管结合不紧密,监测数据质量有待提高等突出问题,提出要进行生态环境监测网络建设,建立统一的环境质量监测网络,健全重点污染源监测制度,建立生态环境监测与监管联动机制。

2016 年 5 月国务院办公厅印发了《关于健全生态保护补偿机制的意见》,这是在我国生态补偿历史上具有里程碑意义的文件,它正式确定了重点领域、重点区域、流域上下游以及市场化补偿机制的基本框架,促进了生态补偿机制正规化、机制化、法治化。为了解决生态保护补偿的范围仍然偏小、标准偏低,保护者和受益者良性互动的体制机制尚不完善等问题,该意见从建立稳定投入机制、重点生态区域补偿机制、推进横向生态保护补偿、健全配套制度体系、创新政策协同机制、精准脱贫以及法制建设等方面来推进体制机制的创新建设,并且要求在 2020 年,实现森林、草原、湿地等重点领域和禁止开发区域、重点生态功能区等重要区域生态保护补偿全覆盖,补偿水平与经济社会发展状况相适应,跨地区、跨流域补偿试点示范取得明显进展,多元化补偿机制初步建立,基本建立符合我国国情的生态保护补偿制度体系等目标任务。

2017 年财政部、环保部、发改委、水利部出台指导意见,加快建立流域上下游横向生态保护补偿机制,其补偿机制的基本原则是,"流域上游承担保护生态环境的责任,同时享有水质改善、水量保障带来利益的权利。流域下游地区对上游地区为改善生态环境付出的努力做出补偿,同时享有水质恶化、上游过度用水的受偿权利"[①]。此外,该指导意见分别对 2020 年和 2025年制定了发展规划和目标。

为了解决生态保护补偿机制建设当中存在企业和社会公众参与度不

---

① 《流域生态补偿探索长效机制》,《人民日报》,2017 年 1 月 4 日,http://www.gov.cn/xinwen/2017–01/04/content_5156195.htm。

高,优良生态产品和生态服务供给不足等矛盾和问题,2018 年国家发展改革委牵头印发了《建立市场化、多元化生态保护补偿机制行动计划》。该行动计划指出,"建立市场化、多元化生态保护补偿机制要健全资源开发补偿、污染物减排补偿、水资源节约补偿、碳排放权抵消补偿制度,合理界定和配置生态环境权利,健全交易平台,引导生态受益者对生态保护者的补偿"①。此外,还要健全激励机制,完善调查监测体系,强化技术支撑,强化统筹协调,压实工作责任,加强宣传推广,为推进建立市场化、多元化生态保护补偿机制创造良好的基础条件。最后,该行动计划对 2020 年和 2022 年分别做出了明确的发展目标。

为了进一步要求落实生产补偿机制,2019 年党的十九届四中全会通过《中共中央关于坚持和完善中国特色社会主义制度,推进国家治理体系和治理能力现代化若干重大问题的决定》提出,实行最严格的生态环境保护制度,健全源头预防、过程控制、损害赔偿、责任追究的生态环境保护体系。严明生态环境保护责任制度。建立生态文明建设目标评价考核制度,强化环境保护、自然资源管控、节能减排等约束性指标管理,严格落实企业主体责任和政府监管责任;健全生态环境监测和评价制度,完善生态环境公益诉讼制度,落实生态补偿和生态环境损害赔偿制度,实行生态环境损害责任终身追究制。

2020 年,党的十九届五中全会通过《中共中央关于制定国民经济和社会发展第十四个五年规划和二〇三五年远景目标的建议》提出,在推动绿色发展,促进人与自然和谐共生的进程中要全面提高资源利用效率,具体包括健全自然资源资产产权制度和法律法规,加强自然资源调查评价监测和确权登记,建立生态产品价值实现机制,完善市场化、多元化生态补偿,推进资源

---

① 《建立市场化、多元化生态保护补偿机制行动计划》,2018 年 12 月 28 日,中国政府网,http://www.gov.cn/xinwen/2019-01/11/content_5357007.htm。

总量管理、科学配置、全面节约、循环利用。这进一步强调了市场化、多元化生态保护补偿机制建设的重要性。

党的十八大以来，国家对健全和完善生态补偿机制做出了一系列重要决策部署，各地认真贯彻落实党中央决策部署，创新生态补偿实践模式，积极探索综合生态补偿机制。全国 20 个省份实施了流域水环境质量奖补机制，近 10 个省份出台了大气环境质量奖补政策，近 10 个省份逐步扩大补偿内容。皖、浙两省更是历经 7 年的实践和探索，形成了生态补偿的"新安江模式"①。总之，建立生态补偿机制，是建设生态文明的重要制度保障。在综合考虑生态保护成本、发展机会成本和生态服务价值的基础上，采取财政转移支付或市场交易等方式，对生态保护者给予合理补偿，是明确界定生态保护者与受益者权利义务、使生态保护经济外部性内部化的公共制度安排，对于实施主体功能区战略、促进欠发达地区和贫困人口共享改革发展成果，对于加快建设生态文明、促进人与自然和谐发展具有重要意义。②

二、生态价值补偿机制和环境税收体系

（一）建立生态价值补偿机制

随着经济的发展，自然资源的数量和质量都在急剧缩减，大自然已经发出了黄牌警告。主要原因在于人们在经济发展中忽略了自然资源的价值，没有很好地对自然资源的价值进行合理补偿，这反映在自然资源的价格偏低，

① 《生态补偿机制"尝"后需"补"——全国政协"建立生态补偿机制中存在的问题和建议"双周协商座谈会综述》，《人民政协报》，2019 年 12 月 6 日。

② 参见徐绍史：《国务院关于生态补偿机制建设工作情况的报告——第十二届全国人民代表大会常务委员会第二次会议上》，2013 年 4 月 23 日，http://www.npc.gov.cn/wxzl/gongbao/2013-07/18/content_1810967.htm。

市场价格扭曲,自然资源的利用率低下,长此以往,自然资源使用极不合理,导致自然资源数量及其功能的衰竭。因此,目前需要建立和完善自然资源价值评价体系,实现自然资源的优化配置,建立自然资源的可持续利用机制。

首先需要对自然资源的所有权进行确定。现阶段我国产权制度是以国有和集体所有两种形式为主体,多种所有制并存的。但是无论是国有制还是集体所有制,其产权关系均是残缺的,对各级代理人难以实行有效的约束,不仅缺乏经济效率,也影响了物质与环境再生产循环关系的建立,造成资源浪费或过度使用;同时增大了环境污染治理的难度。因此,从产权制度的改进来看。由于很多自然资源和环境服务天然具有公共物品的属性,不可能完全私有化,可通过以下两方面试行:一方面应该使资源微观经营层面的产权关系趋向完整,可推行包括适当延长现有自然资源的承包期限,鼓励资源使用权的有偿转让,建立完备的监督机制等措施;另一方面政府通过综合运用经济、环境和技术等政策工具,强制性地改变自然资源的产权归属。

其次建立基于自然资源价值的宏观补偿机制。自然资源作为生产过程中所必需的生产资料,其虚拟价值由资源利用收益的贴现组成,同时加入最终经济产品的价格当中。自然资源的质量及其使用效益决定和影响着自然资源的虚拟价值,最终形成在市场上交易的市场价值。因此,自然资源的价值补偿需要建立在整个资源价值的宏观补偿系统基础之上(如图6.2所示)。在自然资源的宏观补偿机制中,重要的是发挥政府在自然资源补偿基金的征收和使用管理。此外,需要厘清管理部门之间的权责关系,合理配置自然资源的处置权、收益权和管理权。其中,财政部门负责资金的收缴和分配;国有资产管理部门负责对资源的登记和核算;具体的资源管理部门负责实物管理和行业管理,执行资源有偿使用制度。

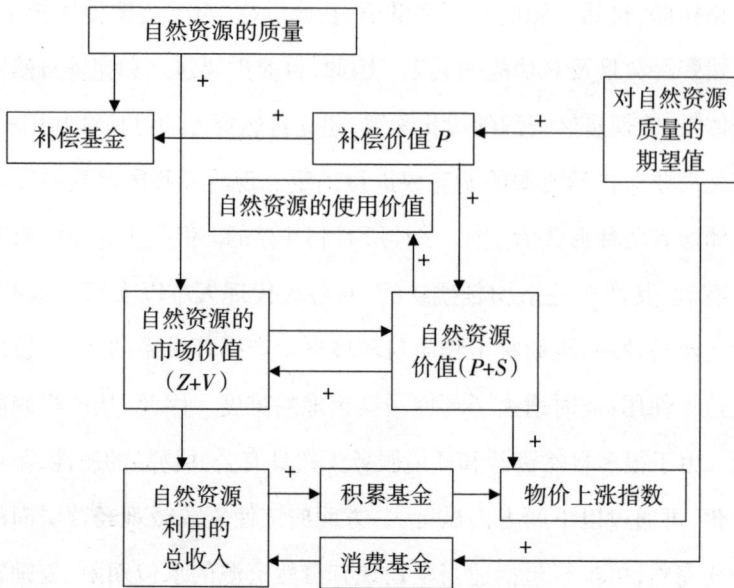

图 6.2　自然资源价值宏观补偿系统①

　　最后以自然资源的价值补偿机制为基础,建立整个环境(包括自然资源和环境资源)的价值补偿机制。环境价值补偿是指通过对环境破坏行为如化石燃料的使用、废弃物的抛弃、森林采伐等所带来的污染、气候变化及健康损害或损失等社会成本的税金化,使之进入生产者的成本之中,并以产品市场价格反映出来,从而促使环境价值补偿的实现。它不仅把自然资源的天然价值打入成本中,变无偿使用为有偿使用;同时,它把物质生产对环境的破坏或负价值也打入生产成本中,通过价值补偿,最大限度地减少资源消耗,降低成本,变有害为无害。

　　(二)构建环境税收体系

　　环境税是解决环境资源稀缺性与外部性导致的经济与环境之间的矛盾

---

① 于连生:《自然资源价值论及其应用》,化学工业出版社,2004 年,第 425 页。

的方法之一。环境税目前已经在很多国家设立和开征,中国也通过了环境税的相关法律和政策。环境税的出发点是为了解决企业生产活动的外部性,将企业给社会带来的污染成本以税收的形式计入企业的生产成本中,从而使得企业减少污染(如图 6.3 所示)。

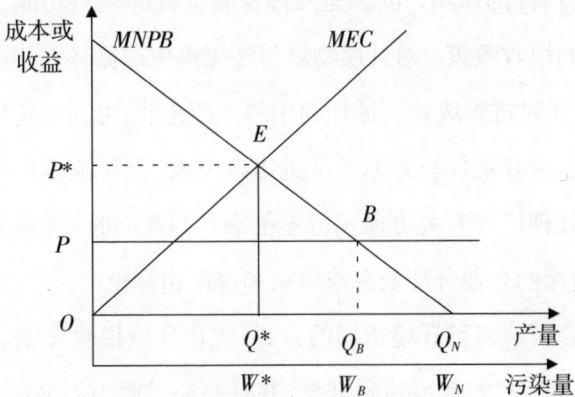

图 6.3　环境税效应

在图 6.3 中,$NMPB$ 为企业的私人边际纯收益,MEC 为边际外部成本。若政府不对企业征税,那么企业的最优产量将是 Q_N,假定污染量随着产量的增加而增加,那么此时污染量为 W_N。这种情况下,企业给社会带来的外部成本并没有考虑,污染量较大。政府对企业进行征税,征税量为 BQ_B,则企业的最优产量将是 Q_B,污染量为 W_B。但是政府的最优征税应该是 $EQ*$,即 $P*$,此时产量和污染量分别为 $Q*$ 和 $W*$,这种情况下,企业将全部的社会成本均考虑其中,由此大大降低了污染量。并且政府所征收的税刚好用以弥补环境污染给社会带来的成本,即图中的边际外部成本 MEC。

但是由于环境资源具有外部性,企业生产活动所造成的对环境的污染很难进行监测,即难以确定,再加上环境资源本身具有自然性,以至于难以确定环境税量来权衡社会成本大小,从而达不到治理环境的预期效果。因此,环境税不可能仅仅通过市场的方式有效解决环境污染问题,必须构建政府的环境税收管理体系,适当采用行政手段和技术手段。

首先,构建多层次、多样化的环境税收体制。由于不同类型的企业所产生的污染对环境的影响程度不同,因此在对企业进行抽样调查的过程中,需要分类型、分层次制定合理的征收标准,避免一刀切。同时需要充分发挥市场机制和经济杠杆的作用,特别是发挥税收杠杆的调节功能,制定形式多样、手段多种的税收政策。对开展物质与环境再生产循环利用的企业实行税收优惠政策。如对进行废物再循环利用的主产企业,可在一定期限内减征或者免征所得税;对环境保护技术免征进出口关税;对资源综合利用包括污水处理厂、垃圾处理厂等有关方面实行零税率。与此同时,对资源消耗过高以及三废排放超标的企业开征资源浪费税和排污超标税。

其次,配套采取多种环境治理的方式,优化环境税收体制。环境税是基于"先污染,后治理"的环境治理理念,并且是通过政府行政手段进行操作。但是从各国的实践来看,这些通过经济体系外部给予企业的税收措施,给企业形成的效果并不明显。因为很多企业往往在意识中认为交了一定的环境税就可以理直气壮地对环境进行污染,从而达不到最初设立环境税的初衷。除此以外,环境税的征收需要最终用于环境治理,但是往往被挪作他用,导致收费与用费环节的错位。因此,政府在实际操作过程中,除了环境税之外,还需辅之以许可证、资源租和环境债券等方式的市场化调节机制。

再次,建立完善的环境征税纠察制度。由于企业在市场中总是追求自身利益最大化的行动路径,政府只能通过限定企业成本约束的方式对企业的行为进行调节。因此,在环境征税过程中,企业总会想方设法排除社会成本进入私人成本,由此给环境税收制度带来负面影响。政府除了建立量化的环境税收管理制度外,具体的征收纠察制度也是必须的。具体来说:①政府首先需要有一支业务水平和素质高的执法队伍参与到环境税的征收中来;②由于企业的生产活动都是动态变动的,所以应该定期对企业的排污行为进行定期抽查和监测,在监测上,积极利用高科技手段,减低监督成本提高监测效率;③构建企业的环境治理信誉等级系统,对企业的治理活动和排污情况进行科学合理的评估,在此基础上,形成重点监测和全面监测相结合的方式,对不合格企业应该进行严惩,而对信誉高的企业进行适当的奖励;④构建项目审批的一票否决制,对于环境治理信誉等级差的企业,在新项目审批中,专门针对环境效应进行专家评议,实行一票否决制。

最后,通过理论研究来指导和完善环境税收制度。目前,国内外关于环境税的理论很多,但是很多在实际应用中并不具有可行性,而且中国的特殊国情决定了国外一些理论并不完全适应中国目前的状况。同时,理论到现实的应用还需经过很多途径,本书在前面所分析的生态环境价值定价理论作为基础性指导,还需要进行应用性的研究才可能进一步采取试点的方式运用在现实的环境治理当中。有些学者根据中国二氧化硫排放的实际情况,通过构建 CGE 模型分析硫税对中国经济的影响,仿真结果表明,根据污染的强度对不同行业设置不同的税率按产值征税不仅可以控制污染行业产量、保护环境,还可以促进整体税制改革,减轻企业所得税负担和居民纳税负担,增加政府收入。[1]这些研究具有较强的应用性。

三、发挥政府与市场在生态经济中的积极作用

根据上文的分析,生态与经济部门再生产实现条件是生态与经济协调发展的必要条件,要确保再生产实现条件得以满足,市场和政府在其中分别发挥着不同作用。与此同时,由于自然资源的稀缺性,资源类产品的生产与使用是有限制的,要使生态部门的生产具有可持续性,除了再生产实现条件

---

[1]　参见李洪心、付伯颖:《对环境税的一般均衡分析与应用模式探讨》,《中国人口、资源与环境》,2004 年第 3 期。

外,还要形成生态与经济再生产可持续性的长效机制。

(一)充分发挥市场在生态经济中的资源配置作用

市场在一般资源和商品的配置中具有高效的决策机制、灵敏的信息传递、利益驱动力强等诸多优势,特别是对稀缺经济资源的配置,能够使经济资源得到合理配置,从而实现效率最大化。生态与经济之间的再生产平衡关系,同样需要在市场上实现,这就离不开市场在价格形成和供求调节中的作用。

首先,发挥价格机制在调节生态与经济再生产实现条件的作用。在市场经济条件下,再生产平衡条件的实现离不开市场机制的作用,生态部门与经济部门之间的物质交换关系也是在市场机制的作用下完成的。随着经济规模的扩大,所需要的自然资源也越来越多,更多的投资资源会转入自然资源的开采和制造部门,从而使经济部门对自然资源的需求得到满足。同样地,当经济部门的活动对生态与环境的负面影响越大时,污染率就超出自然净化率,经济部门对美好生态环境的需求就越高,此时在市场机制的作用下,必然会有更多资源投入生态修复和环境治理中,从而使得经济部门与生态环境部门的再生产实现平衡。市场机制要在生态与经济中实现平衡,需要明晰自然资源和生态环境的产权和责任主体。对于自然资源部门来说,关键是要明晰自然资源的产权归属关系,形成市场化的自然资源价格,这是发挥市场作用的前提条件。对于生态环境部门来说,关键是要明晰生态破坏和环境污染的责任主体,从而将生态修复和污染治理成本内在化,为市场机制作用的发挥创造条件。

其次,形成有利于资源节约的自然资源价格调节机制。生态部门与经济部门的再生产实现条件是保持生态与经济部门供求平衡的必要条件,但要确保自然资源部门内部再生产的可持续性,还需要发挥市场机制在调节稀缺自然资源的作用,形成有利于资源节约的机制。自然资源价值或价格的大小是由资源类产品的垄断利润决定的,而垄断利润的高低取决于资源类产品的市场价格。由此可知,当经济部门对资源类产品需求增加时,会带动自然资源价值的提高。在自然资源的稀缺性和不可再生性的约束下,市场难以通过增加投入提高资源数量,就会迫使企业在提高资源利用率上下功夫,或者寻找替代资源。而当个别企业提高技术进而提高资源利用率,减少了耗费自然资源的成本,使得个别企业获取超额利润,在市场影响下,其他企业将会效仿,一旦这一技术普及到整个行业,也就形成了全行业节约资源的局面。同样地,要做到这一点,自然资源价格调节机制至关重要,要使自然资源的价值或价格能够真实反映其稀缺性和有用性。

最后,形成有利于环境保护的生态环境价格调节机制。一直以来,人们忽视生态环境的重要价值,没有意识到生态环境保护与经济发展之间的密切联系。当生态破坏和环境污染反过来影响了经济的可持续发展时,生态环境问题才引起人们的重视。与此同时,生态环境保护一直被视为政府职责,忽视了市场在其中的作用。市场在生态环境的价值形成中发挥着重要作用,如果生态环境破坏不严重,治理生态环境的成本小,那么生态环境的价值就小,经济部门就不需要支付太高的生态环境成本;反之,如果生态环境破坏严重,那么生态环境的价值就大,经济部门就需要支付高昂的生态环境成本。同时,当生态环境价值提高,会促使企业使用绿色技术,减少污染排放,或者促使生态环境部门中企业提高修复和净化技术,从而降低企业个别价值。这两种情况下,都会使得个别企业获得超额利润,当技术普及后,又引起整个行业绿色技术的推进,从而起到环境保护的效果。

（二）更好地发挥政府在宏观调控方面的重要作用

在生态与经济协调发展方面,市场的作用并非是逻辑必然,市场只有在一定条件下才可能形成对生态与经济部门的资源配置作用。因此,政府在协调生态与经济之间关系中不可或缺, 政府的作用主要体现在生态与经济协调发展的宏观调控方面,具体表现为以下几个方面:

首先, 要对自然资源资产进行产权界定, 对生态环境进行主体责任划分。由于历史的原因,我国国有企业和国有资产在改革之前存在着"产权模糊"的问题,国有产权难以得到有效的保护,经过改革,基本形成了产权清晰、权责明确的产权形态。但是自然资源作为国有资产,除了具有一般国有资产"产权模糊"的特征之外,还存在着"虚拟性""外部性"等特征,①自然资源资产产权改革相对滞后。因此,确立生态与经济之间的交换关系,确保生态与经济再生产的实现条件,首先必须对自然资源资产进行确权,根据不同类型和地域范围,确定自然资源资产的产权归属关系,在此基础上进一步建立归属清晰、权责明确、监管有效的自然资源资产产权制度。对于生态环境来说,关键的环节是对破坏生态和污染环境的行为主体进行定责,遵守"谁污染谁治理,谁破坏谁修复"的原则,设立让生态环境污染主体承担购买生态环境类产品的机制,进而实现企业生态环境成本内在化,为形成生态环境类产品交易市场奠定基础。

其次,要为生态与经济部门之间的交易搭建平台和提供政策支持。生态部门与经济部门之间的再生产交换关系需要在一定的条件下才能开展和实施,包括交易平台、技术平台和政策支持。①为自然资源建立统一的资产交易市场,完善相关的交易规则和监管机制,根据自然资源价值决定和形成原理,建立和健全自然资源资产评估体系,发挥政府的宏观管理作用;②建立全国统一的污染物排放权交易市场,如碳交易市场,并搭建配套的污染检测和评估体系,这是发挥市场机制有效性的基础性条件;③建立生态保护补偿

---

① 关于自然资源作为经济物品的特征阐述详见马艳、严金强、霍艳斌:《虚拟价值理论与应用》, 上海财经大学出版社,2014年,第124页。

机制,推动形成以"谁破坏生态谁付费、谁受益谁补偿"为基本原则的生态修复和补偿机制;④为绿色发展体系提供政策支持,形成有利于绿色发展的绿色技术创新体系,由于现阶段生态问题不可能实现完全内在化,单一的市场也就不能完全解决生态问题,这就需要政府建立科学完善的政策体系,如发展绿色金融支持绿色技术和绿色产业。

最后,形成自然资源和生态环境的总量控制和预警机制。市场机制在微观资源配置上具有一定的优势,但是难以将自然资源管理和生态环境保护完全交由市场,在自然资源和污染排放的总量控制,生态破坏与自然资源消耗的预警机制方面政府具有市场不可替代的作用。①在摸清自然资源资产数量分布的前提下,根据现有经济发展和资源消耗情况,对自然资源的使用量进行提前设定,进而让市场对此做出调节,从而确保自然资源使用的可持续性。②对于环境污染来说,要控制污染排放的总量,也可以进行总量控制,或者设立污染减排总量目标。首先要在生态环境评估的基础上,在自然生态可承受的范围内,确定每年的排污总量,并向排污主体分配额度。③建立资源环境承载能力监测预警机制,科学有序划定生态红线,实行最严格的源头保护、损害赔偿和责任追究制度。预警机制是自然资源使用和生态环境污染的底线,当市场无法协调好生态与经济关系时,预警机制就起到红线警示作用。

第三节 基于负价值的碳排放权交易机制

开展排污权交易是一项在环境资源管理中引入市场机制的政策实践。现行调剂式排污权交易机制在实践运行中存在权利关系安排上的公平悖论、初始排污权确定上的历史原则与效率原则的两难取舍、排污量控制上的确定性要求与不确定性现实的矛盾等问题。负价值理论明确了排污权交易机制设计的逻辑起点和思维路径,强调通过形成处理式排污权交易机制,实现排污权交易的有效开展。

一、排污权交易的基本原理和基本要求

排污权交易是当前受到各国关注的环境经济政策之一。早在 70 年代由美国经济学家戴尔斯提出,并首先被美国国家环保局(EPA)用于大气污染源及河流污染源管理,而后德国、澳大利亚、英国等国家相继进行了排污权交易政策的实践。排污权交易体系包括以下几个步骤:首先由政府部门确定出一定区域的环境质量目标,并据此评估该区域的环境容量;其次推算出污染物的最大允许排放量,并将最大允许排放量分割成若干规定的排放量,即若干排污权;最后政府可以选择不同的方式分配这些权利,并通过建立排污权交易市场使这种权利能合法地买卖。在排污权市场上,排污者从其利益出发,自主决定其污染治理程度,从而买入或卖出排污权。

排污权交易的基本原理如图 6.4 所示。

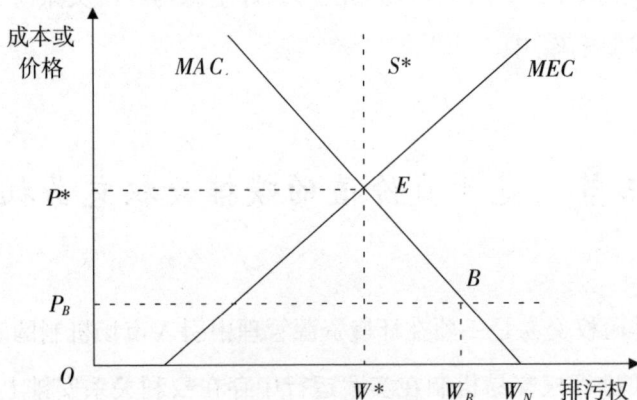

图 6.4 排污权交易基本原理

图 6.4 中,横轴表示排污权数量,MEC 为边际外部成本,MAC 为边际控制成本,若通过减少产量进行成本控制的话,MAC 可以用上文中的私人边际收益 $NMPB$ 来表示。因此,最优的排污量应该为 W^*,由此政府应该设定的排污权总量为 W^*。当市场价格为时,W^* 企业应该购买的排污权数量为 W_B,因为超过 W_B 的部分,企业通过自身减少排放比市场上交易更为划算。这就意味着排污权交易市场的形成。

建立完善的排污权交易体系是排污权交易环境治理方式的重要内容,具体包括以下几个方面:

首先,需要建立健全配套法律法规体系。排污权本身就具有很强的法律含义,一项交易制度的完善,前提是有一套完整的相关法律体系。排污权交易的法律缺失问题一直是制约中国排污权交易的重要因素。构建排污权交易的法律体系包括:排污权取得制度(包括取得方式和排污权等级)的相关法律法规,排污权转让制度(包括排污权内容变更和主体变更)的相关法律法规,排污权的消灭即排污许可证载明的期限到期后排污权消灭,因行政法律规定的事由出现而消灭等。[1]

其次,需要构建排污权交易的技术支持体系。排污权交易的技术支持体系主要包括信息平台、交易平台和服务平台三个组成部分。信息平台应该是具有共享性、开放性的环境信息传输网络平台,同时要实现环境的数字化管理及环境信息资源的综合利用。交易平台是排污权交易的关键技术支持,需要在政府的监管下建立,以保证交易的公正和公平。通过交易平台,可以完成企业排污申报登记、审核、汇总,之后进行初始排污权分配,最后进行交易申请和审核,以及排污许可证的跟踪等。服务平台由排污权交易的各种中介机构组成,包括专业交易中介机构、排污申报登记中介机构以及环境监测和

---

[1]　参见李强:《中国排污权交易及其管理体系研究》,《中国法律期刊》,2009 年第 3 期。

治理的运作机构等。

再次,需要构建排污权交易的绩效评价体系。由于排污权交易平台信息量大,交易频繁,这种网络交易平台需要相关部门进行相应的监管。具体来说,需要对排污权发生的交易的合规性和经济性进行评估,解决排污权交易管理部门的管理水平和管理绩效无法量化衡量的问题,并通过评估结果找出阻碍管理部门管理水平提高的关键瓶颈,进而实现经济效益、环境效益和社会效益的最大化。①包括评价原则的设定、评价指标体系的构建和评价途径的建立。

最后,需要构建有效的政府干预体系。排污权交易虽然是通过市场化的环境治理方式进行的,但是由于排污权交易市场存在信息不对称、道德风险等市场失灵问题,为了保证交易的有效性,政府必须对市场进行严格的监管。与此同时,政府也不能直接干预排污权的交易活动,不对价格进行控制,也不能左右环境容量的最终配置状况。因此,合理的政府干预和监管体系需要政府转变职能,实现总体规划、服务和保障性的职能定位。

二、调剂式排污权交易机制及存在问题

排污权交易机制并非是自发秩序,而是对污染物排放进行管制的一种市场化制度设计。现行调剂式排污权交易机制是在环境问题日趋严峻的情况下提出来的,在一定程度上促进了环境污染的治理,但也存在一些难以克服的问题。

(一)调剂式排污权交易机制

现行调剂式排污权交易机制运行框架如图 6.5 所示。

① 参见王琦:《中国排污权交易及其管理体系研究》,南开大学硕士学位论文,2011 年 5 月。

首先,政府根据环境容量,设定许可排污总量,改变企业原先污染物排放完全自由的状态, 企业就整体而言只在许可的排污总量范围内才有污染物排放自由。

其次,政府把许可排污总量分配给企业,每个企业获得相应的许可排污量。企业污染物的排放自由以这个许可的排污量为限,超出许可部分,企业没有排污权。现实中企业分得的许可排污量并不恰好等于企业的意愿排污量,存在一些企业许可排污量短缺、另一些企业许可排污量剩余的情况,这样,前者可以向后者购买剩余的许可排污量,由此产生了排污权交易。

最后,政府通过对污染企业的排污监控,搭建排污权交易平台,促进排污权交易的开展,确保企业排污总量不超过许可排污总量。

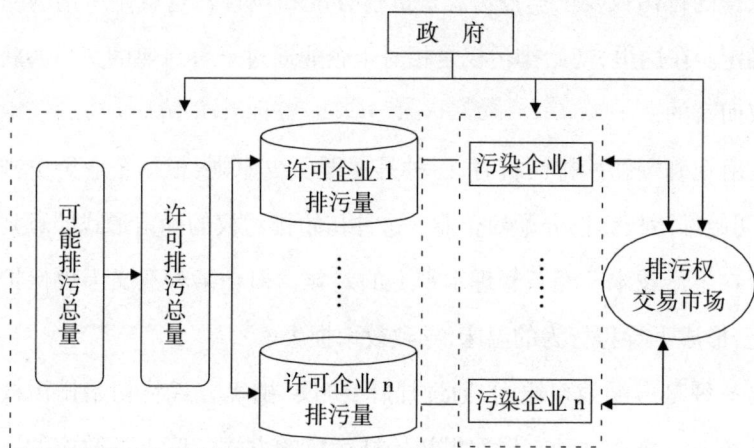

图 6.5　调剂式排污权交易机制运行框架

(二)调剂式排污权交易机制存在的问题

在实践中,现行调剂式排污权交易机制存在以下三个问题:

1. 在许可排污总量所体现的权利关系上,存在公平悖论

设定许可排污总量后,企业不能再像以前那样任意排污。表面上,这种

安排体现了企业和社会公众在环境权利分配上的公平原则，实现了企业和社会公众之间的环境权利平等。然而从整体上看，企业只是社会公众开展物质生产的工具，不具有与社会公众相同的环境权利，否则物质生产也就失去了其本来的意义；退一步讲，若企业具有一定的排污权，那么这个权利的行使者和受益者必定是企业的人格化代表，这样，在环境权利上企业和社会公众之间的关系体现为少数企业人格化代表与社会公众的关系，企业和社会公众表面上的环境权利平等恰恰体现出人们之间利益分配的不平等。

2. 初始排污权确定上，存在历史原则与效率原则的两难取舍

在现实中，许多企业成立于排污权交易政策出台之前，其排污权是自然取得的，在实施污染物总量控制后，这种自然取得的排污权会受到限制，即自然取得的排污权要依据控污总量进行分配和调整，这就是所谓的初始排污权确定。在这里，初始排污权是相对于企业通过平等自愿的交易所获得的排污权而言的。

政府在确定初始排污权时，一种是遵循历史原则，根据企业历史排污强度，将初始排污权无偿分配给企业。这种初始排污权的确定形式照顾到了不同企业在生产技术和经营管理水平上的差异，但在某种意义上也保护了落后产能，形成了寻租行为的温床，导致效率损失。

另一种是遵循效率原则，通过挂牌、协议、拍卖方式将初始排污权有偿分配给企业。企业这种有偿取得初始排污权的方式实际上是政府的一种排污收费方式，并不属于市场平等主体间的交易范畴，同庇古税性质一样，是政府对环境资源的一种定价形式，具有不可交易性，难以在污染物无害化处理上真正发挥作用。受排污拍卖量、参与企业数量和信息不对称等因素的影响，这种初始排污权的确定方式也易产生寻租行为，恶化历史形成的企业生产经营环境，不利于企业的成长和发展。

3. 在排污量控制上,存在确定性要求与不确定性现实的矛盾

一方面,企业总是在一个确定的地点排污,而污染物会随大气或水流扩散开去,这也就意味着,在依据环境自净能力确定许可排污量时,需要确切考虑各企业的排污量与某个地方环境质量之间的关系,需要各地协同来确定企业的排污控制量,这无论在技术上,还是在经济上,都难以有效实现。

另一方面,在现行排污权交易实践中,企业被允许有一定的排污量,确保企业不会超量排污,是利用排污权交易进行环境质量控制和资源有效配置的必要条件,这有赖于严格的排污监管。目前,许多地方在 MRV 体系(Monitoring-Reporting-Verification)建设中投入了大量的资源,但成效有限。我们知道,严格的排污监管不仅需要有明确的监管法规和一支过硬的环境保护执法队伍,也需要相应的监管条件。暂不论监管法规和执法队伍建设,单就监管条件而言,其对严格的排污监管构成很大制约。一些地方的环境保护部门在企业所在处安装了排污监测终端仪器,形成了实时的排污监控系统,但相应的排污量计量、排污跟踪记录和核算仍缺乏技术的、人力的支持。也正因为如此,环境保护部门可以了解企业是否在排污,但除此之外,难以有更多的企业排污情况可以掌握。

三、排污权交易机制设计思想的转变

排污权交易机制作为一种制度设计,有其理念、理论等思想基础,准确评估和合理构建排污权交易机制,就必须从其设计思想层面进行深入分析。

(一)调剂式排污权交易机制设计的思想根源

现行调剂式排污权交易机制之所以存在问题,从其生成逻辑上看,有以下两方面思想根源:一是污染治理理念的不彻底性。调剂式排污权交易诞生

于环境污染严重的时期,在机制设计时,首先考虑的是对排污总量作一个减量,这事实上体现了先污染后治理的理念。设定许可排污总量和各个企业的排污量,是这种污染治理理念的具体表现,允许排污与禁止排污并存,是其不彻底性的反映。从历史进展的角度看,这种污染治理理念有一定的内生性,但其不彻底性也使排污权交易机制在权利关系处理上、初始排污权确定上、排污量控制上存在难以克服的问题,影响了排污权交易作用的发挥。

二是依据理论的不适用性。排污权交易基于污染物排放权的界定而发生,那该怎样界定初始排污权?排污权交易是有效率的吗?科斯定理似乎对此作了回应,在科斯看来,做产生有害效果的事的权利,如排放烟尘,也是生产要素,可以买卖,排污权交易正是把排污权作为一种生产要素来买卖的;科斯认为,明晰的产权是资源有效率配置的充分条件,在不考虑交易费用的情况下,只要产权是明晰的,市场的资源配置就是有效率的,至于产权明确给"谁",无关资源配置效率。

显然,科斯在强调明晰产权重要性的时候,对初始排污权如何界定之类的问题并没有作出具体的设计。在进行效率评价时,科斯以权利行使方收益与相对方损失的总体效果为依据进行分析,如在排放烟尘问题上,以楼下饭店收益与楼上住户损失的总体效果为依据进行效率分析,这种总体效果分析是一种个量分析;在调剂式排污权交易机制设计中,把针对单次交易的效率评价迁移到整个市场交易的效率评价,实际上是一种概念偷换。进一步,调剂式排污权交易并不是在排污权行使的受益方(企业)与相对受损方(社会公众)之间进行,而是初始排污量有余缺时在具有同类权限的污染企业之间展开,与科斯所讲的交易有差异。由此可见,现行调剂式排污权交易与其说以科斯定理为依据,不如说在环境污染治理上依据了科斯关于明晰产权在自愿交易中重要性的理念。

(二)以负价值理论为基础重构排污权交易机制

显然,要解决现行调剂式排污权交易机制存在的问题,需要我们重新探寻排污权交易机制设计的思想源泉。马克思主义经济学源于实践又高于实践,具有很强的现实指导力,其负价值理论有力地回答了为什么要消除企业生产中的有害性、怎样合理使用环境公共资源、如何处理政府与市场关系等排污权交易机制所涉及的经济学核心问题, 是我们正确设计排污权交易机制的思想源泉。

负价值理论从两个方面启迪和指导排污权交易机制设计。

第一,负价值理论指明了排污权交易机制设计的逻辑起点。排污权交易作为污染治理机制,是处理社会生产过程中有害性问题的一种方式。我们知道,社会再生产过程也是一个劳动过程,马克思指出:"劳动首先是人与自然之间的过程,是人以自身的活动来中介、调整和控制人和自然之间的物质变换的过程。"(马克思,2004a)劳动使人在对自身生活有用的形式上占有自然物质的同时,也改变人身外的自然,包括自然环境,这种改变可能对人自身是无害的,也可能是有害的,从物质生产本来的意义上来看,改变人身外的自然应该采取无害的方式。在一定的社会生产方式下,企业(或称为厂商、生产单元)受自身利益驱动,在生产出社会需要的有用品时,生产出污染物,造成环境污染。显然这种有害的对人身外自然的改变,在社会物质生产中是应该避免的。因此,从物质生产本来的意义上来看,企业应该在生产的开始就同时解决生产的污染问题,这也就意味着,在设计排污权交易机制时,应全面禁止企业的排污行为,避免走先污染后治理的道路。

第二,负价值理论指出了排污权交易机制设计的思维路径。全面禁止企业排放污染物就要求企业对联合生产过程中产出的污染物进行无害化处理,随着污染物无害化处理的部门化,污染企业通过购买排污权的方式把污染物无害化处理转给无害化处理企业,排污权交易由此产生。可见,排污权交易须以对污染物的排放限制为前提。

发挥市场交易价格在环境质量控制和资源配置中的职能作用是排污权交易机制的一个重要功能,如其他市场一样,价值规律也是排污权交易市场的基本运行规律,市场的交易价格必定以价值为基础确定的,只不过排污权交易市场的价值是一种负价值。我们知道,污染物的无害化处理同样需要投入劳动,这种劳动作为具体劳动,消除了污染物的有害性;作为抽象劳动,形成污染物的负价值。

显然污染物无害化处理的过程,也是污染物负价值的形成过程;污染物负价值的实现,表明污染物无害化处理的完成。污染物负价值的形成和实现过程,是社会公众、一般生产企业、污染物无害化处理企业、劳动者等主体的利益分配和协调过程。污染物负价值的形成和实现,对生活在一定环境中的居民来说,是环境质量的保证;对在联合生产过程中产出污染物的一般企业来说,是利润空间的缩小;对污染物进行无害化处理的企业来说,是存在和发展的意义所在;对劳动者来说,是劳动力的耗费和补偿。由此可见,污染物负价值理论深刻反映了环境问题上有关各方的物质利益关系,构建排污权交易机制无疑需要依据负价值理论来处理其涉及的各方关系,并以负价值生产和实现情况评估排污权交易市场的效率。

四、处理式排污权交易机制及内在规定性

基于负价值理论的排污权交易机制着眼于企业对污染物的无害化处理,是一种处理式排污权交易机制,它理顺了在解决污染问题上所涉及的各种关系,能推动环境质量的改善和资源的有效配置。

(一)处理式排污权交易机制

根据负价值理论设计的处理式排污权交易机制运行框架见图 6.6 所示。

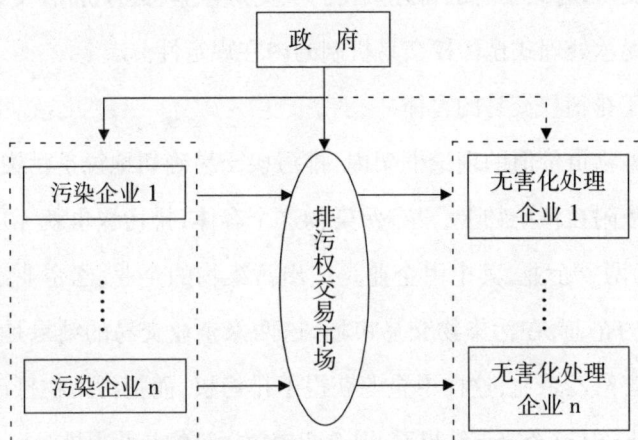

图 6.6　处理式排污权交易机制运行框架

首先,明确企业没有初始排污权。企业在没有初始排污权的情况下,要么自己进行污染物无害化处理;要么把污染物销售给污染物无害化处理企业,由污染物无害化处理企业对污染物进行无害化处理。污染物无害化处理协作收益的广泛存在,促使污染企业选择后一种污染物无害化处理方式,从而形成排污权交易市场。

其次,对企业进行严格的污染物排放监管。政府作为公共权力的化身,通过对企业污染物的排放情况进行监测和管理,限制企业向大自然排放污染物,确保排污权交易顺利开展。

最后,政府通过搭建排污权交易平台,促进污染企业与无害化处理企业在交易信息搜寻、合同执行等方面的便利化,实现排污权交易市场的有效运转。

(二)几点内在规定性

基于负价值理论的排污权交易,既不同于现行排污权交易,也不同于有用品市场交易,有其自身的特性。我们从交易客体、交易价格、交易的法权关系等方面揭示处理式排污权交易机制的内在规定性。

1. 关于排污权交易的客体

在污染物负价值的理论框架内,排污权交易确切地说是污染物交易,因为排污权依附在污染物上,没有污染物这个客体,排污权也就无从谈起。假设有甲、乙两家企业,其中甲企业是产出污染物的企业,乙企业是污染物无害化处理的企业,在污染物交易市场,这两家企业交易的结果是,甲企业把污染物销售给乙企业,这样甲企业获得了排污权,而把污染物排放约束转嫁给了乙企业。从这个交易结果看,甲企业销售污染物与获得排污权是同一个过程的不同表现方面,正是在这个意义上,我们把污染物交易称为排污权交易。

需要说明的是,排污权交易市场客体不同于有用品市场客体,有用品市场的交易客体是有用品,它具有有用性(正使用价值)和正价值两个方面的因素;排污权交易市场的交易客体是污染物,它具有有害性(负使用价值)和负价值两个方面的因素。因此,污染物的交易不同于有用品的交易,在商品货币条件下,有用品的销售方(供方)把有用品交给对方(需方)的同时,能从对方(需方)那里获取相应的货币额;而污染物的销售方(供方)把污染物交给对方(需方)的同时,还得付给对方(需方)相应的货币额。如果我们以排污权交易来指称污染物交易,那么污染物的销售方(供方)实际上是排污权的需方,而污染物的需方成了排污权的供方,排污权的需方需向排污权的供方支付相应的货币额, 这样污染物交易就与有用品的交易取得了一致的认识属性。可见,把污染物交易称为排污权交易,适应了我们在有用品交易那里所获得的思维习惯,但也掩盖了污染物负价值的这个因素。

2. 关于排污权交易价格

排污权交易之所以能在一定程度上解决环境污染问题，是发挥了价格机制在环境管理中的作用，因此排污权交易价格的合理性就显得十分重要。那么排污权交易价格合理性的依据是什么？

在调剂式排污权交易机制中，排污权交易价格以供求均衡为参照标准，实现排污权供求均衡的那个价格就是一个合理的价格。在其他条件不变的情况下，若排污控制总量小，企业排污的约束就小，供求均衡时的排污权交易价格就低；反之，供求均衡时的排污权交易价格就高。由于排污权供求均衡时的价格与排污控制总量紧密相关，而排污控制总量是在一定环境质量要求下人为确定的，这表明在某种程度上，排污权供求均衡时的价格是人为确定的，排污权交易价格的合理性缺乏客观的标准。

其实，排污权交易价格的合理性是有客观标准的，这个客观标准就是污染物的负价值。以污染物负价值为基础、反映污染物供求状况的排污权价格就是合理的价格。污染物的负价值由投入污染物无害化处理的劳动构成，在量上包括投入污染物无害化处理的生活资料价值和生产资料价值，单位污染物的负价值量是各个负价值量的一个加权平均。由于在一定社会生产条件下，污染物的负价值是客观存在的，因此基于负价值理论的排污权交易价格的合理性是客观存在的。

3. 关于排污权交易的法权关系

马克思指出，"商品不能自己到市场去，不能自己去交换"（马克思，2004b），以一定形式确定个体（自然人或某个具体的组织）之于商品的权利，形成个体之间一定的法权关系，交易才会产生。这表明，排污权交易作为交易双方的一种契约行为，只有其客体（污染物）被赋权于个体，形成交易各方相应的法权关系，才能产生。调剂式排污权交易机制所强调的自愿交易中产权的重要性，无非是强调污染物被赋权于个体、形成交易各方相应的法权关系对交易的重要性,处理式排污权交易机制实际上同样强调这种法权关系。在调剂式排污权交易机制中,权利与权利客体混为一谈,排污权被认为与有用品市场中的权利属性相同, 其实在有用品市场, 个体之于有用品的权利是所有权,个体能占有、使用、收益和处分有用品,而排污权交易市场,个体之于污染物的权利是受约束的,个体不能向自然界排放污染物。

五、两种排污权交易机制的演进

现行调剂式排污权交易机制与基于负价值理论的处理式排污权交易机制既有联系,又有区别,通过辨别两者的差异,有的放矢地推进排污权交易机制的顺利转换。

(一)两种排污权交易机制的差异

调剂式排污权交易安排与处理式排污权交易安排的差异, 主要体现在以下三个方面(见表6.1)。

表 6.1　两种排污权交易机制比较

	初始排污权界定	政府监管内容	交易双方
调剂式排污权交易机制	需要	排污数量	同类企业
处理式排污权交易机制	不需要	排污与否	异类企业

第一,是否需要界定初始排污权。调剂式排污权交易机制需首先界定初始排污权,明确企业初始排污量,据此,企业可以向自然界直接排放一定量的污染物,超出部分被禁止排放。处理式排污权交易机制则不存在这种初始排污权界定问题,而是从社会物质生产的本来意义出发,禁止企业向自然界排放污染物。

第二,政府监管内容。在调剂式排污权交易机制中,政府监管重点在于企业排污量;在处理式排污权交易机制中,政府的监管重在监测企业是否排放污染物上,不必进一步监测企业污染物的排放量,这种监管,无论在技术上,还是在经济上,都是可行的。需要指出的是,尽管政府在监管中不必监测企业污染物的排放量, 但这并不意味着企业之间在排污权交易时不必对污染物交易量进行计量和监测,否则企业无法确切把握利润目标的实现。企业之间在排污权交易时对污染物交易量的计量和检测与政府对企业污染物排放量的监测是有差异的,前者由于涉及企业间的交易费用,买卖双方企业都有动力完善计量和检测方法,或采用其他合理的替代手段来降低污染物计量和检测方面的交易费用;而后者在方法和手段的运用上,明显缺乏这种特性。

第三,排污权交易双方。在调剂式排污权交易机制中,排污权交易发生在同样产出污染物的企业之间,是同类企业相互就污染物排放量进行余缺调剂;在处理式排污权交易机制中,排污权交易在产出污染物的企业与污染物无害化处理企业之间进行,是两类企业借以有效进行污染物无害化处理、实现污染物无害化处理协作收益的途径。

(二)排污权交易机制演进路径

从两个方面促进现行调剂式排污权交易机制向基于负价值理论的处理式排污权交易机制演进。

其一是逐渐加大污染物禁排力度。在调剂式排污权交易机制运行的框架内,逐步减少许可排污总量,并通过采用"标杆法"(以行业先进企业的排放水平为标准来分配行业内各企业初始排污权)、"统一基准线法"(按统一的排放水平来分配各行业企业的初始排污权)等方法,相应地减少每个企业许可的排污量,形成企业排污的约束环境,促使现有污染企业在生产、技术、财务等方面进一步强化污染物无害化处理工作, 形成向污染物无害化处理企业购买排污权的新型排污权交易。

其二是鼓励和加大治污投资,培育污染物无害化处理市场主体。调剂式排污权交易机制的落脚点是利用市场交易激发污染企业减少污染物的产出量,依赖环境的自净能力来控制环境质量的进一步恶化,缺失污染物无害化处理内容,这是调剂式排污权交易机制在环境污染治理上的先天不足。处理式排污权交易机制克服了现有排污权交易机制的这种不足,它一方面利用市场交易激发污染企业减少污染物的产出量,另一方面强调对已产出的污染物进行无害化处理。对已产出的污染物进行无害化处理是由与污染企业性质不同的另一类企业完成,为此需要鼓励和加大治污投资,形成相应的市场利益主体,真正从机制上确保环境污染问题的解决。

第四节　基于负价值的绿色经济核算体系

绿色 GDP 是继 GDP 之后具有革命性的概念创新,绿色 GDP 核算是确保绿色发展的基础。然而我国至今尚未形成正式、完整的绿色 GDP 核算体系,现有绿色 GDP 核算研究主要集中在以虚拟计价方式对传统 GDP 进行环境成本和收益的调整上,存在核算逻辑冲突和账户失衡等问题。本节以负价值为视角,在马克思主义经济学框架内对我国绿色 GDP 核算思路进行了新的探讨。

一、环境计价虚拟性是绿色GDP核算困境之源

绿色 GDP 有两种计算公式,相应的计算结果我们分别称之为绿色 GDP1.0 和绿色 GDP2.0,绿色 GDP1.0=传统 GDP-环境成本;绿色 GDP2.0=传

统 GDP−环境成本+环境收益。绿色 GDP1.0 与绿色 GDP2.0 的差别在于,后者考虑了环境改善的收益,更全面地考量了环境福利。尽管绿色 GDP 计算公式似乎并不复杂,但公式中蕴含的环境计价虚拟性,使得环境成本和环境收益在数据性质上异于传统 GDP,导致绿色 GDP 核算陷入困境。

(一)环境计价虚拟性的表现

在两种绿色经济的核算中,在计算环境成本时,采用治理成本法或污染损失法。治理成本法假设排放到环境中的全部污染物都得到处理,估算所需的支出。污染损失法是对环境污染所引致的农业产量、人身健康等方面的损失进行评价,估算出损失的经济价值。第二种核算方式,在计算环境收益时,采用环境获利法,对环境改善所引致的农业产量、人身健康等方面的获利进行评价,估算出获利的经济价值。由于环境获利法是污染损失法的逆用,因此我们把环境获利法和污染损失法合称为环境损益法。

无论是治理成本法还是环境损益法,都把环境作为一种有用品,由于这种有用品缺乏实际价格,于是其价值量的减少和增加分别用环境成本和环境收益来替代,这是环境计价虚拟性的第一层表现。在计算环境成本和环境收益时,所使用的实物量又非实际的,如治理成本法中的全部污染物并非实际得到处理的,损益法中农业产量、人身健康等方面的损益量是估计的,也非实际损益量,因此即使这些实物量存在局部的实际市场价格,最终得出的环境成本和环境收益还是不真实的,这是环境计价虚拟性的第二层表现。

(二)环境计价虚拟性蕴含环境的可替代性

环境计价虚拟性表明,以治理成本法或环境损益法计量的环境价值并不能有效反映社会再生产对环境的影响,由此获得的绿色 GDP 数据与实际环境质量改善缺乏一致性。这也就是说,绿色 GDP 增加,实际环境质量仍会

绿色发展的政治经济学探索

持续下降,因为虚拟的治理成本可以用更多的传统 GDP 来补偿,虚拟的环境损益可以通过增加相关损益物品生产而加以改善。

我们先考虑虚拟的治理成本可以用更多的传统 GDP 来补偿这种情形。假定某经济体 T 年的传统 GDP 为 35000 元,污水排放量为 24 立方米,按每立方米污水 3 元的治理费用计算,虚拟的治理成本为 72 元,则该经济体 T 年的绿色 GDP 为 349528 元。5 年后,若该经济体的传统 GDP 提升至 52000,污水排放量为 28 立方米,仍按每立方米污水 3 元的治理费用计算,虚拟的治理成本为 84 元,则该经济体 T+5 年的绿色 GDP 为 51916 元。比较 T 年和 T+5 年的数据可知,环境质量因污水排放量的增加而下降了,但绿色 GDP 依然增加。

接下来我们考虑另外一种情形,即虚拟的环境损益可以通过增加相关损益物品生产而加以改善。假如以农产品数量的增减来计量环境的损益,那么通过生产调整,在环境质量下降的情况下,仍可以增加农产品的数量,使绿色 GDP 规模扩大。假如以人身健康来计量环境的损益,那么通过防御性消费可以消解环境质量下降对人身健康的损害,如通过购买和消费保健品来抵御地表水污染对人身健康的冲击,在这种情况下,不仅因防御性消费品生产的扩大而增加了传统 GDP 规模,而且还可能因防御性消费使人身健康有所改善,这样绿色 GDP 在环境质量下降时反而增加得更多。

显然,环境计价虚拟性意味着环境的价值量可被其他事物的价值量所替代,当基于虚拟价格获得的绿色 GDP 用于评估经济发展状况时,会使微观主体形成一种环境具有替代性的行为观念,放任污染物排放和环境恶化,最终阻断可持续发展的道路。[1]

---

[1] 事实上,环境作为人类生存和发展的外部条件,是不可替代的,正如习近平总书记在 2016 年 1 月 18 日省部级主要领导干部学习贯彻十八届五中全会精神专题研讨班开班式上所说,"生态环境没有替代品,用之不觉,失之难存"。

（三）环境计价虚拟性导致核算的内在逻辑冲突和账户失衡

传统 GDP 核算中，商品据实计价；而绿色 GDP 核算中，环境虚拟计价，两者存在内在逻辑冲突，我们从两个方面来说明这种内在逻辑冲突：

第一，环境属性。环境在绿色 GDP1.0 计算公式中作为投入品（或者说生产资料）来处理，在绿色 GDP2.0 计算公式中同时作为投入品和最终品（或者说生活资料）来处理；事实上，环境既是生产所需，具有生产属性，也是生活所需，具有生活属性，若把环境作为绿色 GDP 核算的对象，则环境应体现为生活属性，作为最终品来处理。环境变化可能由人类生产引起，也可能由自然自身运动引起，绿色 GDP 核算是对人类生产成果的核算，而非对自然自身运动结果的核算。未对环境的属性做出界定，机械地按公式进行绿色 GDP 核算，偏离了传统 GDP 以最终品为对象进行核算的本义。

第二，非市场交易。在目前绿色 GDP 核算中，环境市场缺乏，因此在计算环境价值量时，充斥着大量估算、替代的数量和价格，违背了传统 GDP 以市场交易价格为基础进行核算的要求。

GDP 核算要遵循平衡原则，绿色 GDP 核算同样要遵循平衡原则。平衡原则是指绿色 GDP 核算要依据复式账户的要求，保持相关变量口径一致、项目对等。绿色 GDP 核算，扩大了 GDP 核算范围，包括实物量核算和价值量核算的范围都扩大了，为保证绿色 GDP 核算的平衡，就要求投入产出相适应，也就是说，有产出就应该有相应的投入，不管这种投入的发生是在本部门还是其他部门；有投入就应该有相应的产出，不管这种产出的发生是在本部门还是其他部门。

在绿色 GDP1.0 和绿色 GDP2.0 计算公式中，环境成本仅考虑了环境投入，未考虑这种环境投入对传统 GDP 核算框架内产出的影响；类似地，环境收益仅考虑了环境产出，未考虑这种环境产出对传统 GDP 核算框架内投入的影响,因此以环境成本和收益扣补传统 GDP,不符合平衡原则。可见,环境计价的虚拟性,割裂了社会再生产过程中的投入产出关系,直接损害了绿色 GDP 核算的平衡原则,必然导致绿色 GDP 核算研究混乱。

二、负价值生产与绿色GDP核算困境的突破

负价值的概念提出至今已有 140 多年的历史,20 世纪 70 年代,斯蒂德曼用这一概念论证马克思劳动价值论在联合生产条件下的不适用性,并以此非难马克思劳动价值论,尽管斯蒂德曼的论证是错误的,[①]但是若我们将这一概念引入环境问题和绿色 GDP 研究领域,则其具有十分重要的经济学价值,有助于促进绿色 GDP 核算新思路的形成。

(一)污染物负价值生产与绿色GDP核算据实计价

杨缅昆(2008)指出,国民福利的衡量应做到国民生产与环境质量相统一,"当我们试图用新的研究框架取代 GDP 框架时,不仅不能取消 GDP 框架中的原有功能,而且还应具有 GDP 框架没有的新的功能"[②]。绿色 GDP 作为对社会财富或者说国民福利的衡量,其核算应该是对传统 GDP 核算的延续和拓展。

绿色 GDP 核算需要考虑社会再生产的环境代价,在绿色 GDP 核算框架内,社会再生产过程不仅包含了与传统 GDP 相应的物质再生产,还包含了环境再生产。如果社会再生产过程仅包含与传统 GDP 相应的物质再生产,那么这种经济是一种黑色经济;如果社会再生产过程还包含环境再生产,相应的

---

① 森岛通夫(1978)、伊藤诚(1990)、丁堡骏(2003)、白暴力(2006)、余斌(2007)、冯金华(2012)、马艳和严金强(2012)、藤森赖明和李帮喜(2014)等学者从不同方面揭示了斯蒂德曼的错误之处。

② 杨缅昆:《论国民福利核算框架下的福利概念》,《统计研究》,2008 年第 6 期。

经济则可称为绿色经济。绿色经济旨在谋求物质生产与环境的和谐,是社会可持续发展的一种经济形态,[①]其核心要义是解决物质再生产过程中出现的环境问题,也就是要注重保护环境,减少或消除污染物的排放,防止环境恶化,避免失却物质生产对人类的本来意义。

要减少或消除污染物的排放,除了通过运用清洁生产技术减少联合生产中的污染物产量,更主要的是对污染物进行无害化处理,由此产生负价值。[②]污染物无害化处理所凝结的社会必要劳动,就是污染物的负价值。污染物总的负价值包含两个方面:一是新增劳动的负价值,二是失去的正的物化劳动价值。从量上考察,可以用污染物无害化处理所投入的劳动或生产资料价值来衡量;在对微观主体施加严格排放约束的前提下,污染物的无害化处理才会启动,并逐渐形成污染物交易市场(金兴华、严金强,2016)。[③]在污染物商品化的条件下,污染物无害化处理过程相应地转化为一个污染物负价值的生产过程。从再生产的角度看,绿色经济实际上是在有用品价值生产的同时,实现污染物负价值生产的过程。

当我们在绿色 GDP 核算中把污染物负价值生产纳入社会再生产过程加以考察时,就否认了环境的可替代性,强调在生产有用品的同时搞好环境保护,基于此,我们把污染物作为绿色 GDP 核算的重要对象。污染物的价格是其负价值的外在表现,并通过污染物交易市场呈现出来,因此这种价格是现实的,而非虚拟的,符合绿色 GDP 核算据实计价的要求。

污染物的负价值生产,消除了环境污染的有害性,实现了绿色发展,由

---

① 绿色经济这个概念由皮而斯(英)于 1989 年提出,强调经济与环境并重,形成一种可承受和可持续的经济。

② 实际上,当生产过程破坏资源环境使用价值时,需追加劳动对其进行还原,都会产生负价值,这点明了我们用负价值理论指导环境核算、资源核算的原因。此处负价值产生的观点参见马艳、王琳、张沁悦:《资本积累的社会结构理论的创新与中国化探讨》,《马克思主义研究》,2016 年第 6 期。

③ 参见金兴华、严金强:《论污染物的负价值因素》,《经济学家》,2016 年第 10 期。

此核算的 GDP 就是绿色 GDP。这也就意味着,绿色 GDP 并非"绿化"了的传统 GDP,"绿化"了的传统 GDP 本质上轻视环境保护,是黑色经济的 GDP,或者说其变种;只有走上绿色经济的发展道路,此时的 GDP 才是真正的绿色 GDP。显然,我们意指的绿色 GDP 核算并不是对传统 GDP 进行简单的调整,使传统 GDP 看上去显得"绿色",而是立足于绿色经济来计算 GDP,是对传统 GDP 核算的一种继承和改进。

由此可见,依据绿色 GDP1.0 或绿色 GDP2.0 公式计算的绿色 GDP,体现了生产的环境外部性思想,以为只要在原有产出的基础上对外部性影响进行弥补,就能得到社会合意的产出,这种效用价值论思维,缺乏对社会再生产的整体考量。简单地把污染物负价值当作成本、以环境作为绿色 GDP 核算的实物量,从而因环境价格的缺乏而陷入核算困境;相反,如果我们从污染物负价值生产出发,则污染物成为绿色 GDP 核算的实物量,因其价值的客观存在而实现绿色 GDP 的核算。

(二)绿色GDP核算的逻辑结构与平衡原则

至今已有三种统计核算体系,分别是 MPS(Material Product System,物质产品平衡表体系)、SNA(System of National Accounts,国民账户体系)和 SEEA(System of Environmental-Economic Accounting,环境经济核算体系),分别适用于计划经济、一般市场经济和有环境约束的市场经济,对应核算工农业生产总值、GDP 和绿色 GDP(见表 6.2)。已故的钱伯海教授曾为我国的统计核算体系从 MPS 转换为 SNA 进行了不懈探索,作出了重要贡献,他认为,无论是 MPS 还是 SNA,都可以在马克思主义经济学框架内进行解析,与 MPS 相比,SNA 无非拓展了生产范围而已。[①]

表 6.2　国民经济核算类型及相应的体制基础

核算类型	工农业生产总值核算	GDP 核算	绿色 GDP 核算
统计核算体系	MPS	SNA	SEEA
体制基础	计划经济体制	一般市场经济体制	有环境约束的市场经济体制

　　联合国统计署等机构继 MPS 和 SNA 之后,把环境纳入国民财富核算,提出了环境经济核算体系(即 SEEA),至今已形成 4 个版本,分别是 SEEA1993、SEEA2000、SEEA2003、SEEA2012。如果考量污染物负价值生产,使绿色 GDP 核算能够据实计价,那么绿色 GDP 也就具有了与 GDP 一样的核算逻辑结构。因此,把 SEEA 放在马克思主义经济学框架内观照,与 SNA 相比,SEEA 也无非进一步拓展了生产范围而已。

　　绿色 GDP 核算扩大原先 GDP 核算范围后,需要根据污染物交易情况对污染物无害化处理部门进行确认,使投入产出相适应,并按社会再生产过程的本来面貌进一步调整 SNA 框架,实现绿色 GDP 核算平衡。

　　如波兰经济学家奥斯卡·兰格[②]所言,列昂惕夫投入产出表是马克思再生产公式的发展,马克思将国民经济分作两个或三个基本部类进行分析,而列昂惕夫将国民经济分为任意部门进行分析。投入产出表具有分行业核算的优势,能很好地体现核算的平衡原则。对于 GDP 核算来说,国民经济核算的平衡原则可归纳为:生产范围划在哪里,产值指标就算到哪里,中间消耗和最终使用也算到哪里,初次分配和再分配、原始收入与派生收入就在哪里分界;[③]对于绿色 GDP 核算来说,这个平衡原则拓展为:凡是消除联合生产过程

---

　　① 参见钱伯海:《社会劳动创造价值之我见》,《经济学家》,1994 年第 2 期。

　　② 参见[波]奥斯卡·兰格:《经济计量学导论》,袁镇岳、林克明译,中国社会科学出版社,1980年,第 136~143 页。

　　③ 参见钱伯海:《国民经济核算的平衡原则》,《中国社会科学》,1984 年第 3 期。

中副产品有害性的部门和单位都属于污染物无害化处理部门，污染物无害化处理部门的范围划在哪里，负价值就算到哪里。利用投入产出表来分析绿色 GDP 核算平衡关系的关键是，划定污染物无害化处理的范围，使全社会污染物无害化处理部门的负价值等于污染物无害化处理部门投入的总价值。

我们把社会再生产分为三个部门，分别是生产资料生产部门（第一部门）、生活资料生产部门（第二部门）、污染物无害化处理部门（第三部门），建立如下绿色 GDP 投入产出表（见表6.3）。

表 6.3 绿色 GDP 的投入产出表

投入 ＼ 产出	生产资料生产部门	生产资料生产部门	污染物无害化处理部门	最终使用	总产出
生产资料生产部门	C_1	C_2	C_3	0	W_1
生产资料生产部门	0	0	0	W_2	W_2
污染物无害化处理部分	0	0	0	W_3	W_3
可变资本	V_1	V_2	V_3		
剩余价值	M_1	M_2	0		
总投入	T_1	T_2	T_3		

表中，C_1、C_2、C_3——分别表示生产资料生产部门供应给生产资料生产部门自身、生活资料生产部门和污染物无害化处理部门的生产资料价值；

V_1、V_2、V_3——分别表示投入生产资料生产部门、生活资料生产部门和污染物无害化处理部门的可变资本；

M_1、M_2——分别为生产资料生产部门、生活资料生产部门的剩余价值（假定污染物无害化处理部门的剩余价值为 0）；

W_1、W_2、W_3——分别表示生产资料生产部门、生活资料生产部门和污染物无害化处理部门的总产出值，其中 W_1、W_2 为正产出值，W_3 为负产出值；

T_1、T_2、T_3——分别表示生产资料生产部门、生活资料生产部门和污染物无害化处理部门总投入值。

根据上表,有以下三组平衡方程:

1. 分配平衡方程(行平衡方程)

$$\sum_{i=1}^{3} C_i = W_1 \tag{6.1}$$

2. 生产平衡方程(列平衡方程)

$$C_i + V_i + M_i = T_i \quad i=1,2,3 \quad M_3=0 \tag{6.2}$$

3. 投入−产出平衡方程

$$W_i = T_i \quad i=1,2,3 \tag{6.3}$$

传统 GDP 不考虑污染物无害化处理部门再生产,以最终产品的市场价值来衡量,在量上等于 W^2;考虑污染物无害化处理部门再生产,绿色 GDP 在量上等于 W^2-W^3,即绿色 $GDP=V_1+(M_1-C_3)+V_2+(M_2-V_3)$,其中,$V_1+(M_1-C_3)$ 是第一部门的增加值,$V_2+(M_2-V_3)$ 是第二部门的增加值,也就是说,在污染物完全得到无害化处理的条件下,绿色 GDP 在数量上就是第一、第二部门的增加值之和。

在实践中,投入产出表是依据企业实际市场价格汇总而成的,根据马克思的假定,价格总额与价值总额是一致的,因此基于企业实际市场价格汇总而成的投入产出表与我们这里基于价值总量的分析是一致的。[①]

(三)绿色GDP核算的一个模拟

因为绿色 GDP 核算以市场交换为基础,因此我们先对社会流通作一个总体描述,然后在把握其内在平衡关系的基础上,计算绿色 GDP。

[①] 冯金华根据等价交换和劳动价值论两个基本假定,证明了无论是按现行或当年价格计算的名义 GDP,还是按不变或基期价格计算的实际 GDP,都可以表示为用价值来计算的相应变量,并指出以价值计算的 GDP 是以价格计算的 GDP 的基础, 以价格计算的 GDP 是以价值计算的 GDP 的表现形式。参见冯金华:《劳动、价值和增长:对"价值总量之迷"的一项研究》,《世界经济》,2018 年第 2 期。

绿色发展的政治经济学探索

我们采用魁奈在经济表中揭示年产品流通的图解方式,①直观模拟三部门社会流通过程及实现结果(见图6.7、图6.8)。假设再生产周期为1年,交换在年末以总额一次性交易的方式进行,这样就可以把一年所生产的最终产品处理完毕,同时又把生产要素安排就绪,使下一年度生产继续进行下去。

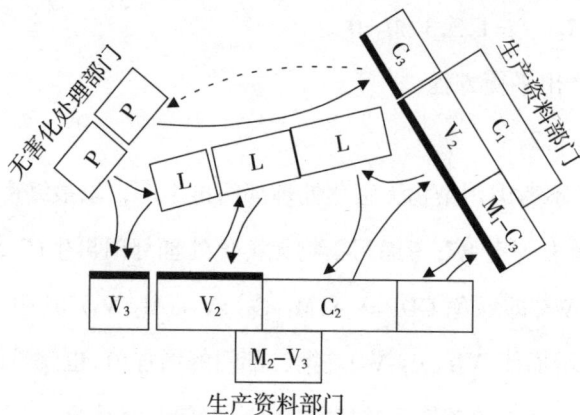

图 6.7 三部门社会流通过程

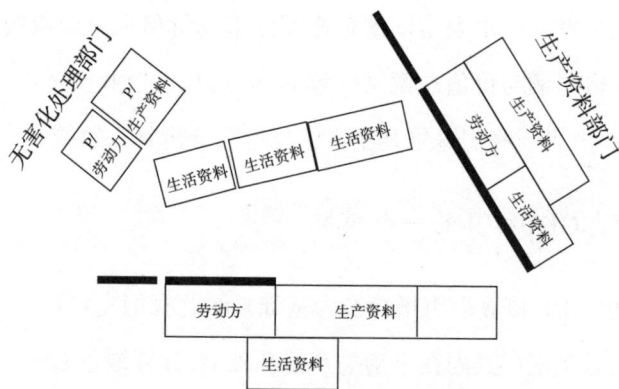

图 6.8 三部门社会流通实现结果

---

① 马克思对魁奈用图解方式把社会再生产过程客观呈现出来的贡献给予高度评价,认为"这是一个极有天才的思想,直到现在,还无可争辩地是一个对政治经济学有巨大贡献的最有天才的思想"。[马克思:《剩余价值学说史》(第一卷),人民出版社,1975年,第378页。]马克思自己深受魁奈经济表的启发,阐述了社会再生产公式。采用魁奈的图解方式有助于我们加深对包含污染物负价值生产的社会再生产过程的认识。

图 6.7 和图 6.8 中,P 表示污染物,L 表示劳动力,粗线表示货币,虚箭线指示货币的流动,实箭线在指示货币流动的同时,还指示物品或劳动力逆向流动。生活资料部门一年总产品的价值为 8.5 万元,生产资料部门一年总产品的价值为 9 万元;假设作为交换媒介的货币为 8.5 万元,其中 3 万元的货币在生活资料部门,5.5 万元的货币在生产资料部门。

生活资料部门因污染物交易,首先支付 1 万元货币给污染物无害化处理部门,然后污染物无害化处理部门用这 1 万元购买劳动力,劳动者又用这 1 万元购买生活资料部门的生活资料。生活资料部门用 2 万元购买生产所需的劳动力,而劳动者用这 2 万元购买生活资料部门的生活资料。

接下来,生产资料部门支付 1.5 万元给污染物无害化处理部门,而后者又向前者购买 1.5 万元的生产资料用于污染物无害化处理。生产资料部门用 2.5 万元购买劳动力,劳动者用这 2.5 万元购买生活资料,生活资料部门又用这 2.5 万元购买生产资料,从而等量的货币又回流到生产资料部门。与此同时,生产资料部门用 1.5 万元购买生活资料,生活资料部门又用这 1.5 万元回购生产资料。

图 6.7 中,生活资料部门价值 1.5 万元的生活资料和生产资料部门价值 1.5 万元的生产资料,在各自部门的内流通,不参与部门之间、部门与劳动者之间的交换。图 6.7 中,相关的变量值见表 6.4 所示。

表 6.4　三部门社会流通过程相关变量值　　　　　单位:万元

	i=1	i=2	i=3
C_i	3.5	4	1.5
V_i	2.5	2	1
M_i	3	2.5	0

经过以上交换所形成的结果如图 6.8 所示。污染物无害化处理部门获得了污染物无害化处理所需的劳动力和生产资料,实现了污染物的无害化处理。生活资料部门和生产资料部门都获得了下一年度生产所需的劳动力和

生产资料,劳动者及资本所有者也获得了相应的生活资料,由此社会再生产能顺利进行下去。

根据表 6.4 的数据,我们可得:绿色 GDP=2.5+(3-1.5)+2+(2.5-1)=7.5(万元),其中生产资料部门的增加值=2.5+(3-1.5)=4 万元,生活资料部门的增加值=2+(2.5-1)=3.5(万元)。

三、以生态制度推进绿色GDP核算

绿色 GDP 核算的意义并不仅仅在于获得绿色 GDP 的具体数值,而是通过核算,形成保障绿色发展的体制机制,实现更高质量、更有效率、更加公平和更可持续的发展。其实,推行绿色 GDP 核算的过程,也是建立生态制度、实现绿色发展的过程。通过加强生态制度建设,促进一般市场经济体制向有环境约束的市场经济体制转变,夯实绿色 GDP 核算的基础。

(一)市场秩序的扩展

我国在环境保护方面,多采用直接管制手段,利用市场机制的情形较少。建立污染物交易市场是利用市场机制加强环境保护和管理的重要方式。建立污染物交易市场,形成污染物市场定价机制,从而克服环境计价虚拟性的缺陷,确保绿色 GDP 依据实际市场价格核算。

市场作为一种资源配置方式,其建立和发展有一定的制度安排基础。正常品市场是基于明晰的产权安排诞生的。污染物交易市场的建立离不开类似的产权安排,把污染物归属于污染物的产生者并禁止排放,相应地会形成污染物的无害化处理主体和污染物交易市场。

目前,我国许多地方建立了排污权交易平台,政府根据排污控制目标,分配许可排污量给各污染企业,污染企业通过排污权交易平台进行交易,调剂排污量余缺,形成排污权交易市场。这种调剂式排污权交易市场只是实现了部分污染物的交易,并不是一种完全的污染物交易市场,其交易价格总额并非绿色 GDP 核算中的负价值总额。

因此,必须形成完全的污染物交易市场。在现有调剂式排污权交易市场的基础上,完善污染物排放监管机制,加大污染物禁排力度,直至最终取消污染企业的污染物直接排放权,促使污染企业强化污染物无害化处理工作,形成有效的污染物供给;同时,增加污染治理投资,促进污染物无害化处理市场主体的成长,形成有效的污染物需求。污染企业的污染物有效供给和无害化处理企业的污染物有效需求,通过交易平台,实现有效联接,形成处理式排污权交易市场。处理式排污权交易市场是完全的污染物交易市场,符合绿色 GDP 核算的计价要求。

(二)绿色会计制度

按照账户核算的逻辑,绿色 GDP 是在微观主体每一笔交易按复式账户要求进行簿记的基础上,通过数据汇总而获得的,因此实现绿色 GDP 的有效核算,必须以市场交易价格为依据进行正确簿记,形成微观层面与宏观层面数据流闭环。以环境虚拟计价而得到的绿色 GDP 仅仅是社会财富的一个宏观计量数据,其核算因与微观层面的环境会计缺乏衔接而陷入困境。

为此,需要建立绿色会计制度。绿色会计也即环境会计,是以实物及货币等为计量形式的一种簿记活动,它按照相关法规,记录污染物负价值形成和实现过程中相应的权责变动,进而形成绿色资产、负债和收入等报表和报告,促进经济发展与环境相协调。绿色会计制度在绿色 GDP 核算中至少具有以下两个方面的作用:一是有助于落实国家环保法规和政策,堵塞污染物无害化处理漏洞,全面禁止污染物直接排放,确保污染物交易的正常开展,促进污染物价格的形成;二是对污染物负价值生产和实现过程中的费用进行准确确认和计算,形成真实、完整的污染物负价值会计数据。

随着社会对环境保护的日益重视,绿色会计制度建设的呼声日隆。然而由于缺乏有效的方法论指导,绿色会计制度建设进展缓慢,在污染物排放量的认定及货币计量、环境管理财务数据的收集和整理等方面有待加强。

建立绿色会计制度,需要按会计准则的要求,加强与现有会计核算体系的协调与融合,突出政策导向和社会利益导向。这种制度建设重点在两个方面:一是形成污染物禁排和交易的内部约束机制。污染物负价值构成企业的一种支出,冲减企业利润,因此绿色会计对每一个企业来说并无直接益处,只是新增加的负担,[①]企业缺乏对污染物负价值生产和实现过程进行簿记的动力;这就要求在绿色会计制度的建设上,重视负价值形成和实现过程中不相容业务的相互监督和印证,突出对会计人员及相关管理者、负责人在记账和报表制定过程中的责任设定,强化工作稽查,确保核算数据的有效性。二是增强绿色会计核算的操作性。制定实施细则,形成数据识别、确认、汇总、制表等具体工作的操作规程,实现对污染物负价值生产和实现过程及时准确的记录,确保核算数据的可靠性。

---

① 参见王立彦:《环境成本与 GDP 有效性》,《会计研究》,2015 年第 3 期。

参考文献

一、中文著作

1.《马克思恩格斯全集》(第 12 卷),人民出版社,1962 年。

2.《马克思恩格斯全集》(第 20 卷),人民出版社,1971 年。

3.《马克思恩格斯全集》(第 39 卷),人民出版社,1974 年。

4.《马克思恩格斯文集》(第一卷),人民出版社,2009 年。

5.《马克思恩格斯文集》(第九卷),人民出版社,2009 年。

6.《马克思恩格斯选集》(第二卷),人民出版社,2012 年。

7.《马克思恩格斯选集》(第三卷),人民出版社,2012 年。

8.《1844 经济学哲学手稿》,人民出版社,2008 年。

9.《资本论》,人民出版社,2004 年。

10.《建国以来毛泽东文稿》(第 6 册),中央文献出版社,1992 年。

11.习近平:《决胜全面建成小康社会 夺取新时代中国特色社会主义伟大胜利》,人民出版社,2017 年。

12.曹俊文:《环境与经济综合核算方法研究》,经济管理出版社,2004年。

13.李志萌、蒋小钰:《资源环境约束下的经济发展研究》,中国环境科学出版社,2012年。

14.刘静暖:《自然力经济学原理》,长春出版社,2010年。

15.刘思华:《生态马克思主义经济学原理》,人民出版社,2006年。

16.马传栋:《资源生态经济学》,山东人民出版社,1995年。

17.马艳、严金强、霍艳斌:《虚拟价值理论与应用》,上海财经大学出版社,2014年。

18.马艳:《现代政治经济学的前沿理论与中国特色研究》,学习出版社,2016年。

19.裴辉儒:《资源环境价值评估与核算问题研究》,中国社会科学出版社,2009年。

20.王金南、蒋洪强、曹东、於方:《绿色国民经济核算》,中国环境科学出版社,2009年。

21.王育宝、胡芳肖:《非再生能源资源价值补偿的理论与实证研究》,西安交通大学出版社,2009年。

22.谢高地、曹淑艳、鲁春霞等:《中国生态资源承载力研究》,科学出版社,2011年。

23.徐海红:《生态劳动与生态文明》,人民出版社,2012年。

24.许涤新:《生态经济学探索》,上海人民出版社,1985年。

25.杨斌林:《再生产平衡表研究》,中国经济出版社,2002年。

26.杨发庭:《绿色技术创新的制度研究——基于生态文明的视角》,中国社会科学出版社,2017年。

27.于连生:《自然资源价值论及其应用》,化学工业出版社,2004年。

28.张哲强:《绿色经济与绿色发展》,中国金融出版社,2012年。

29.张忠任:《数理政治经济学》,经济科学出版社,2006年。

30.朱钟棣:《当代国外马克思主义经济理论研究》,人民出版社,2004年。

二、中译文著作

1.[法]贝尔纳·斯蒂格勒:《技术与时间:爱比米修斯的过失》,裴程译,译林出版社,2000年。

2.[美]里昂惕夫:《投入产出经济学》,崔书香译,商务印书馆,1980年。

3.[美]迈里克·弗里曼:《环境与资源价值评估》,曾贤刚译,中国人民大学出版社,2002年。

三、论文

1.习近平:《推动我国生态文明建设迈上新台阶》,《求是》,2019年第3期。

2.陈征:《有关虚假的社会价值的几个争论问题》,《学术月刊》,1984年第12期。

3.董捷:《我国绿色金融发展的现状、问题和对策》,《工业技术经济》,2013年第3期。

4.冯金华:《马克思再生产理论和经济增长的性质》,《上海行政学院学报》,2011年第4期。

5.国务院发展研究中心"绿化中国金融体系"课题组:《发展中国绿色金融的逻辑与框架》,《金融论坛》,2016年第2期。

6.韩秀云:《对我国新能源产能过剩问题的分析及政策建议——以风能和太阳能为例》,《管理世界》,2012年第8期。

7.衡孝庆、邹成效:《绿色技术三问》,《自然辩证法研究》,2011年第6期。

8.贾全星:《我国新能源上市公司技术效率及其影响因素分析》,《工业技术经济》,2012 年第 7 期。

9.金兴华、严金强、马艳:《负价值理论视野下排污权交易机理分析》,《海派经济学》,2018 年第 3 期。

10.金兴华、严金强:《论污染物的负价值因素》,《经济学家》,2016 年第 10 期。

11.金兴华、严金强:《我国绿色 GDP 核算困境的症结与突破路径——基于负价值视角》,《兰州学刊》,2019 年第 9 期。

12.黎祖交:《正确认识资源、环境、生态的关系——从学习十八大报告关于生态文明建设的论述谈起》,《绿色中国》,2013 年第 3 期。

13.李多、董直庆:《绿色技术创新政策研究》,《经济问题探索》,2016 年第 2 期。

14.林伯强:《基于随机动态递归的中国可再生能源政策量化评价》,《经济研究》,2014 年第 4 期。

15.刘亚铮、彭慕蓉:《我国不同所有制新能源上市公司技术效率的比较研究——基于面板数据的 DEA-Malmquist 实证研究》,《工业技术经济》,2015 第 3 期。

16.马艳、李韵:《自然资源虚拟价值的现代释义——基于马克思经济学的视角》,《马克思主义研究》,2008 年第 10 期。

17.马艳、严金强、陈张良:《资源环境领域中"负价值"的理论界定与应用模型》,《财经研究》2012 年第 11 期。

18.马艳、严金强、陈张良:《资源环境领域中的"负价值"及其决定模型》,《清华政治经济学报》,2014 年第 3 期。

19.马艳、严金强、陈长:《资源环境可持续发展的理论模型研究》,《马克思主义研究》,2011 年第 7 期。

20.马艳、严金强、李真:《产业结构与低碳经济的理论与实证分析》,《华南师范大学学报》(社会科学版),2010 年第 5 期。

21.马艳、严金强:《经济发展方式与低碳经济关系的理论与实证分析》,《经济纵横》,2011 年第 1 期。

22.马艳、严金强:《马克思主义两部类经济增长关系模型探讨》,《财经研究》,2009 年第 5 期。

23.马艳:《马克思主义资本有机构成理论创新与实证分析》,《学术月刊》,2009 年第 8 期。

24.冒佩华、严金强:《全球变化背景下的可持续发展》,《学术月刊》,2014 年第 7 期。

25.牛衍亮、黄如宝、常惠斌:《基于学习曲线的能源技术成本变化》,《管理工程学报》,2013 年第 3 期。

26.齐新宇、严金强:《碳排放约束与经济增长理论及实证研究》,《学术月刊》,2010 年第 7 期。

27.石旻、张大永、邹沛江等:《中国新能源行业效率——基于 DEA 方法和微观数据的分析》,《数量经济技术经济研究》,2016 年第 4 期。

28.天大研究院课题组:《中国绿色金融体系:构建与发展战略》,《财贸经济》,2011 年第 10 期。

29.吴健、马中:《科斯定理对排污权交易政策的理论贡献》,《厦门大学学报》(哲学社会科学版),2000 年第 3 期。

30.严金强、蔡民强:《劳动过程与劳动力再生产过程的生态逻辑》,《教学与研究》,2014 年第 8 期。

31.严金强、马艳:《基于经济和生态双维度的新能源政策量化评价——以我国新能源补贴和能源企业为例》,《政治经济学报》,2017 年第 3 期。

32.严金强、夏碧英《马克思主义自然观视域下的生态文明新理念研究》,

《理论探讨》,2020 年第 4 期。

33.严金强、杨小勇:《以绿色金融推动构建绿色技术创新体系》,《福建论坛》(人文社会科学版),2018 年第 3 期。

34. 严金强:《基于再生产理论的生态与经济协调发展理论探讨》,《政治经济学报》,2019 年第 3 期。

35.殷剑锋、王增武:《中国的绿色金融之路》,《经济社会体制比较》,2016 年第 6 期。

36.张忠任:《关于环境的价值与资源价格决定问题的理论探索》,《海派经济学》,2008 卷第 22 辑。

37.周亚虹、蒲余路、陈诗一等:《政府扶持与新型产业发展——以新能源为例》,《经济研究》,2015 年第 6 期。

四、英文著作

1.Baumgärtner,S.,*Ambivalent Joint Production and the Natural Environment*,Physica-Verlag,2000.

2.Blaug,M.,*Economic Theory in Retrospect*. 3rd edn.,Cambridge University Press,1978.

3.Brett C lark and John Bellamy Foster,Marx's Ecology in the Twenty-First Century,China Society for Hominology(ed.),*Ecological Civilization,Globalization and Human Development*,June,2009.

4.Eltis,Walter,The Harrod—Domar Equation from Quesnay to Marx to Harrod and Domar,In Giorgio Rampa & Luciano Stella ed.,*Economic Dynamics,Trade and Growth:Essay on Harrodian Themes*,ST. Martin's Press,1998.

5.Foster,J. B.,*Marx's Ecology:Materialism and Nature*,Monthly Review

Press,2000.

6.Mcdonald,A. and L. Schrattenholze,*Learning Rates for Energy Technologies*,Energy Policy,2001.

7.Paul Burkett,*Marxism and Ecological Economics*,Brill,2006.

8.Reiner Grundmann,*Marxism and Ecology*,Clarendon Press,1991.

9.W. David Montgomery,Markets in Licenses and Efftcient Pollution Control Programs,*Journal of Economic Theory*,1972(5).

10.Wright TP.,Factors affecting the cost of airplanes,*Journal of the Aeronautical Sciences*,1936(3).